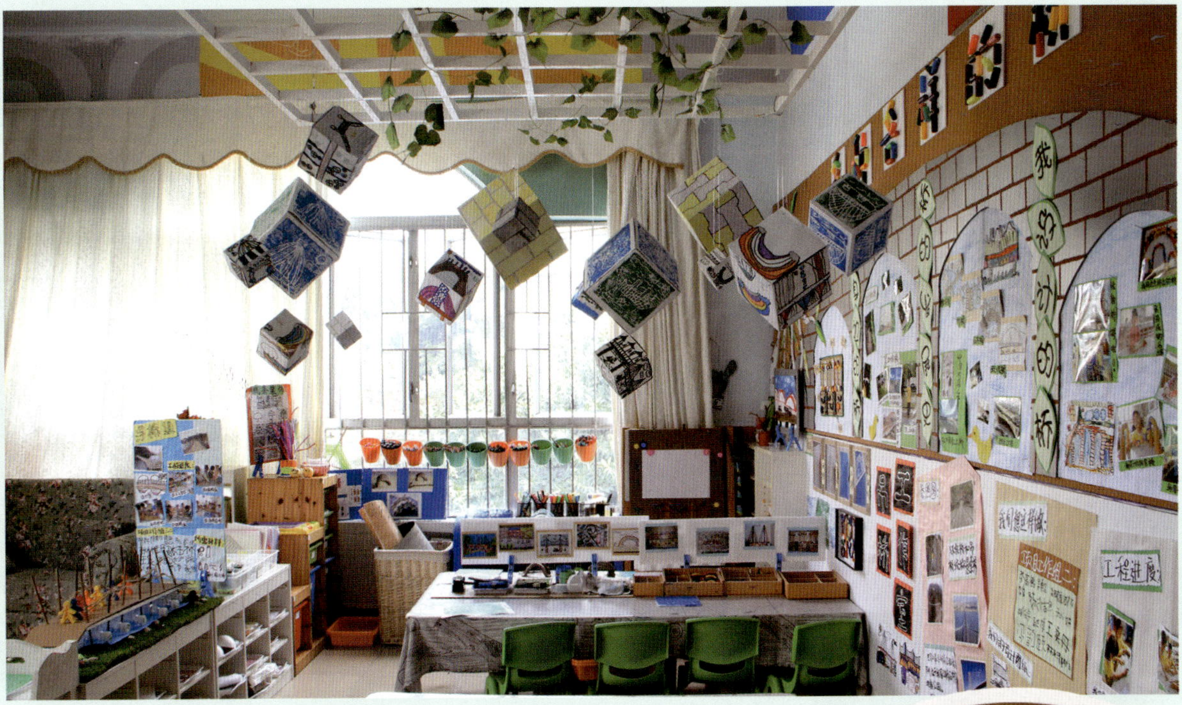
工程进度

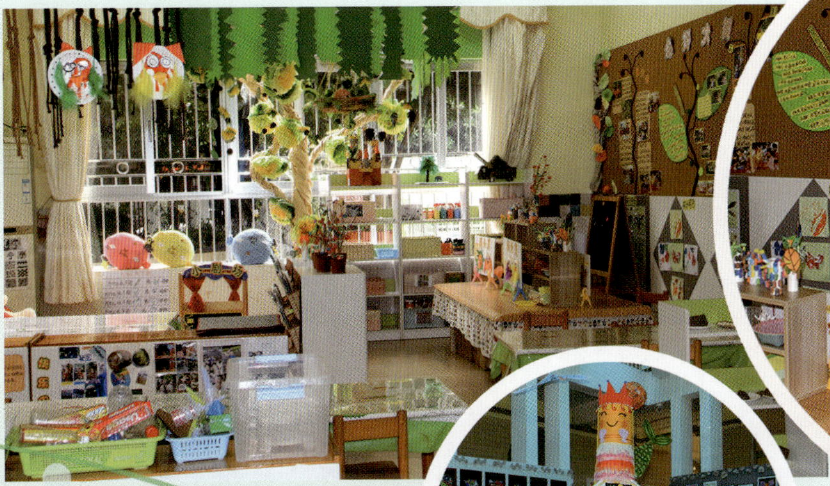

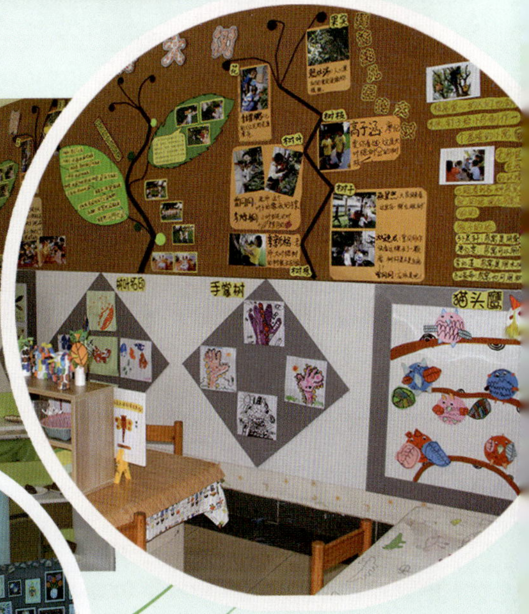
手掌树
猫头鹰

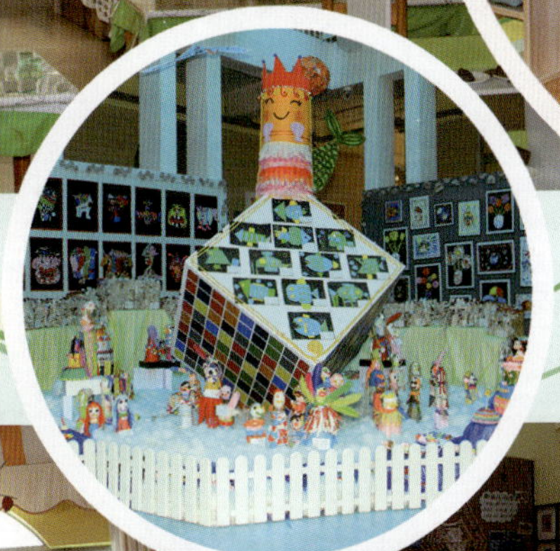

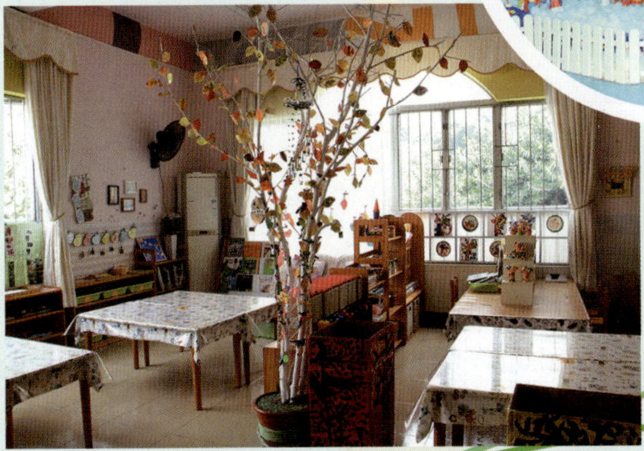

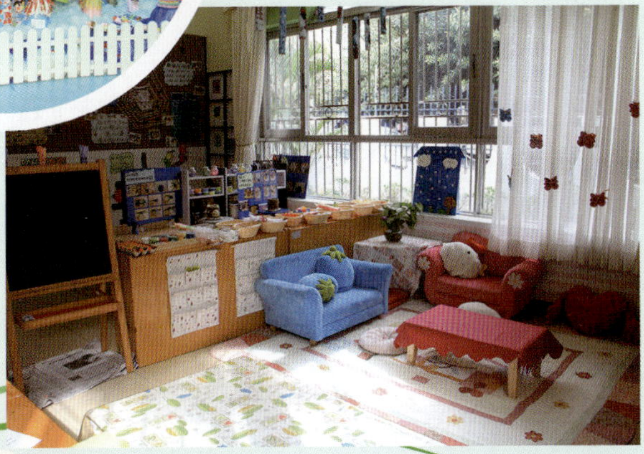

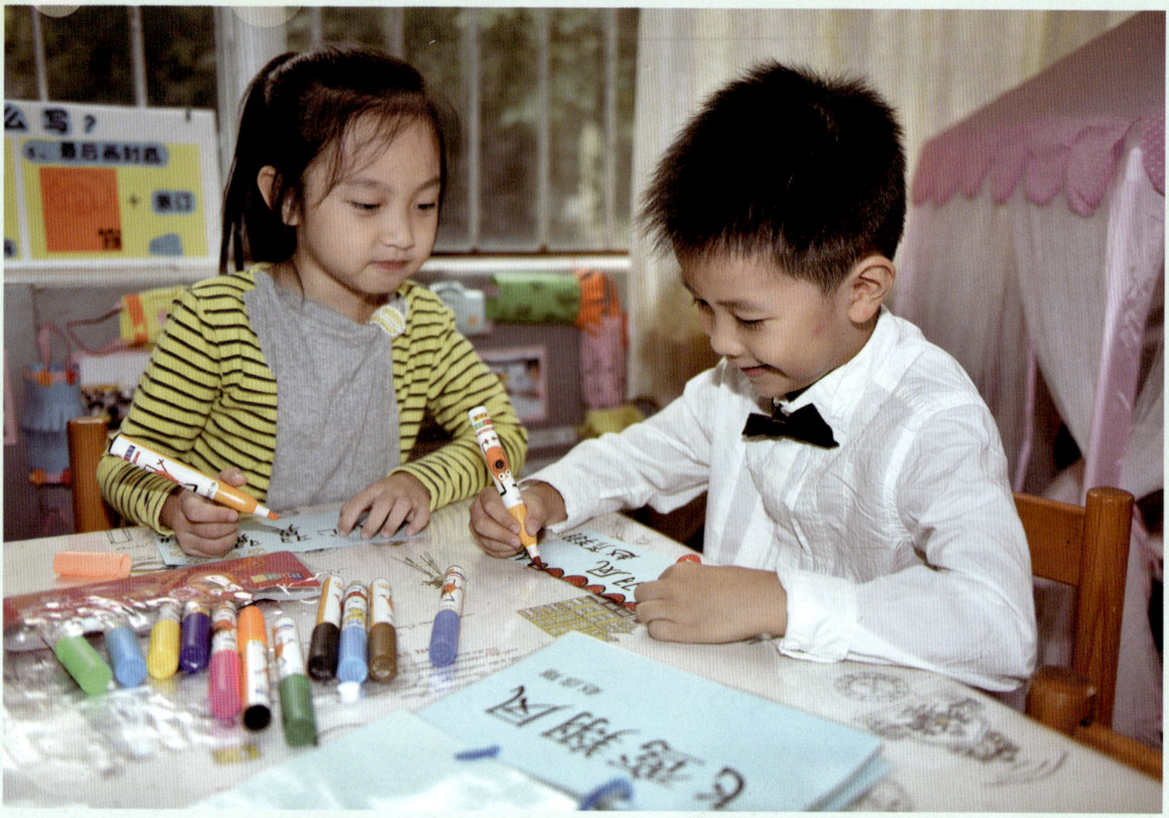

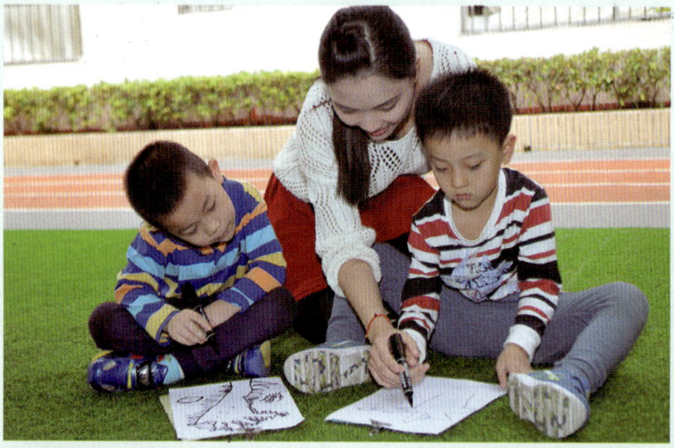

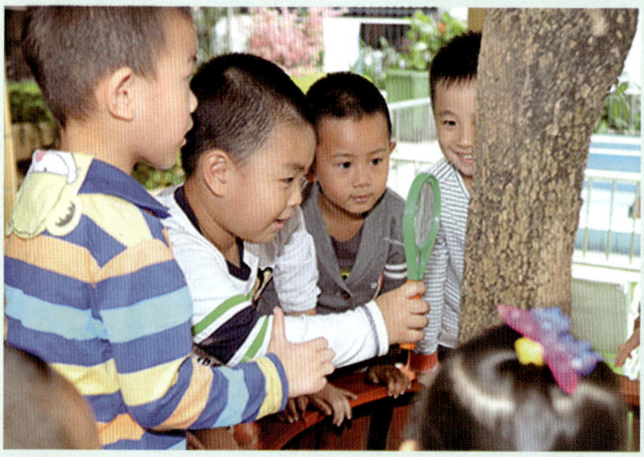

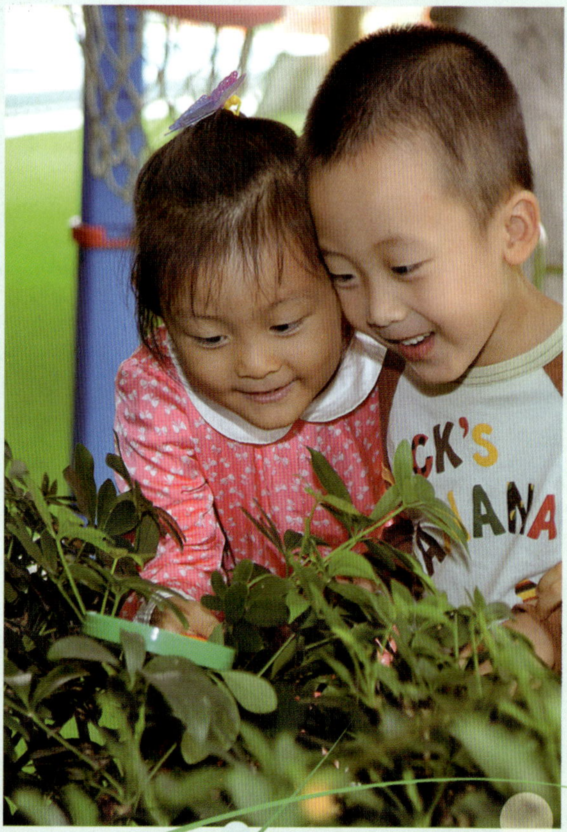
CK'S

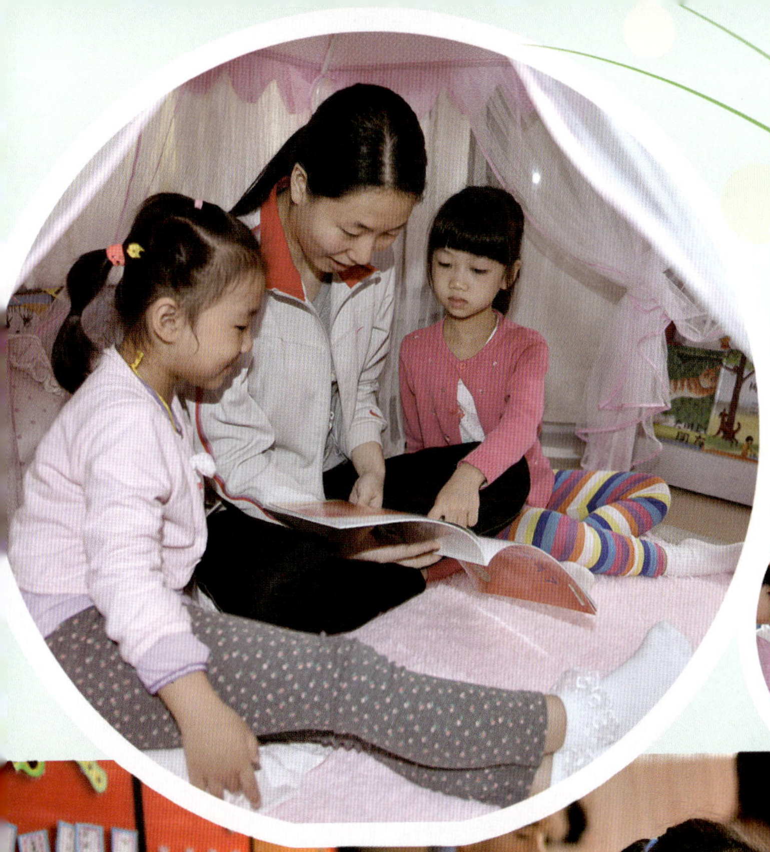

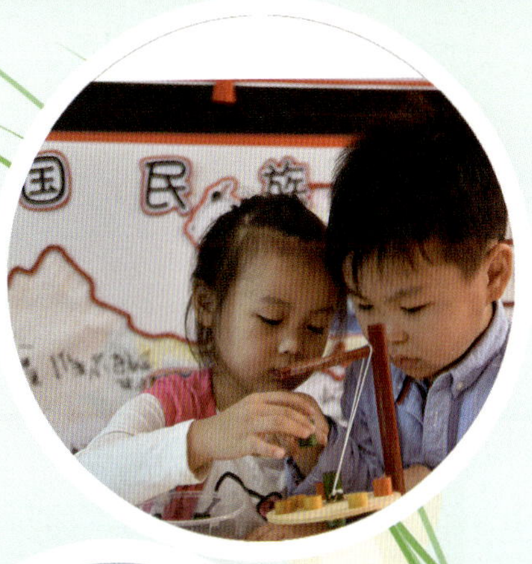
国 民 族

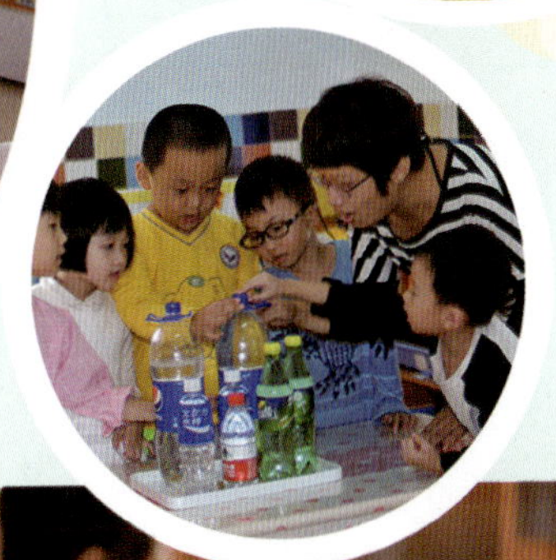

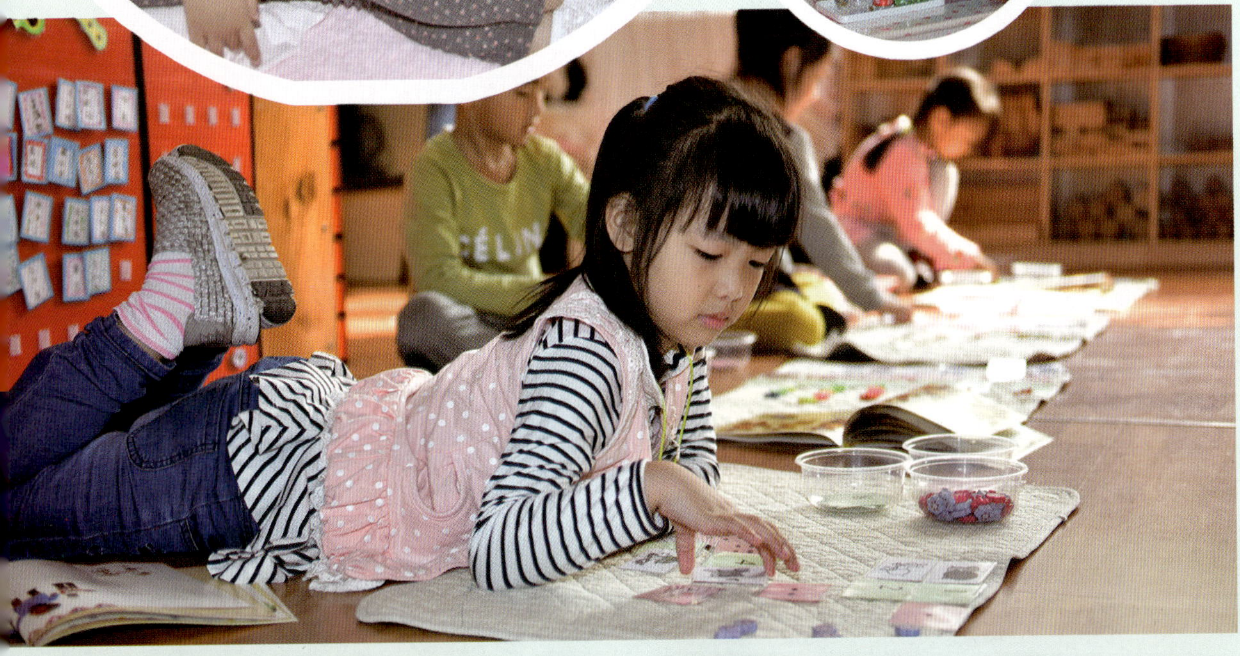

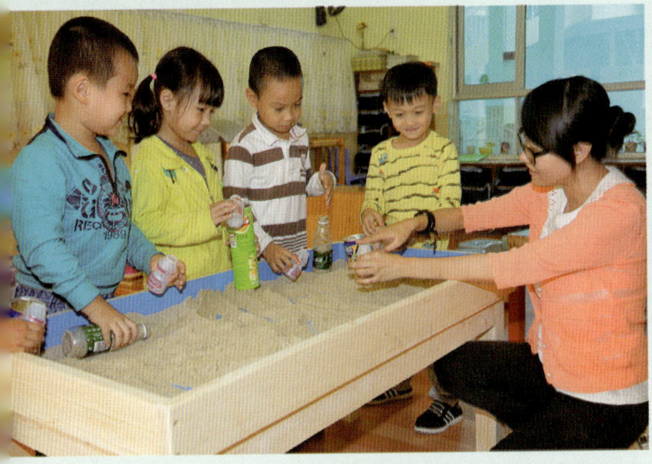

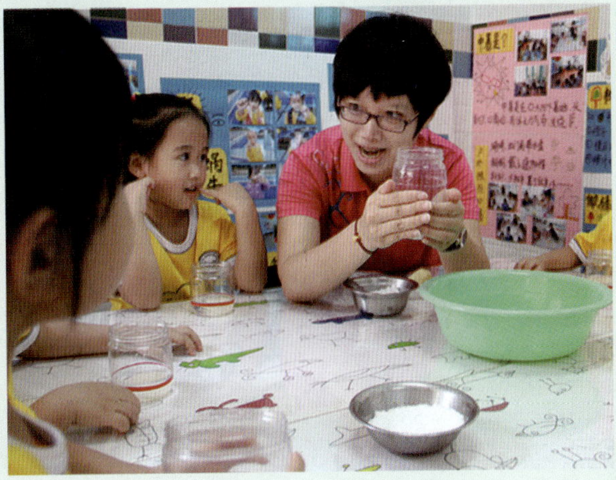

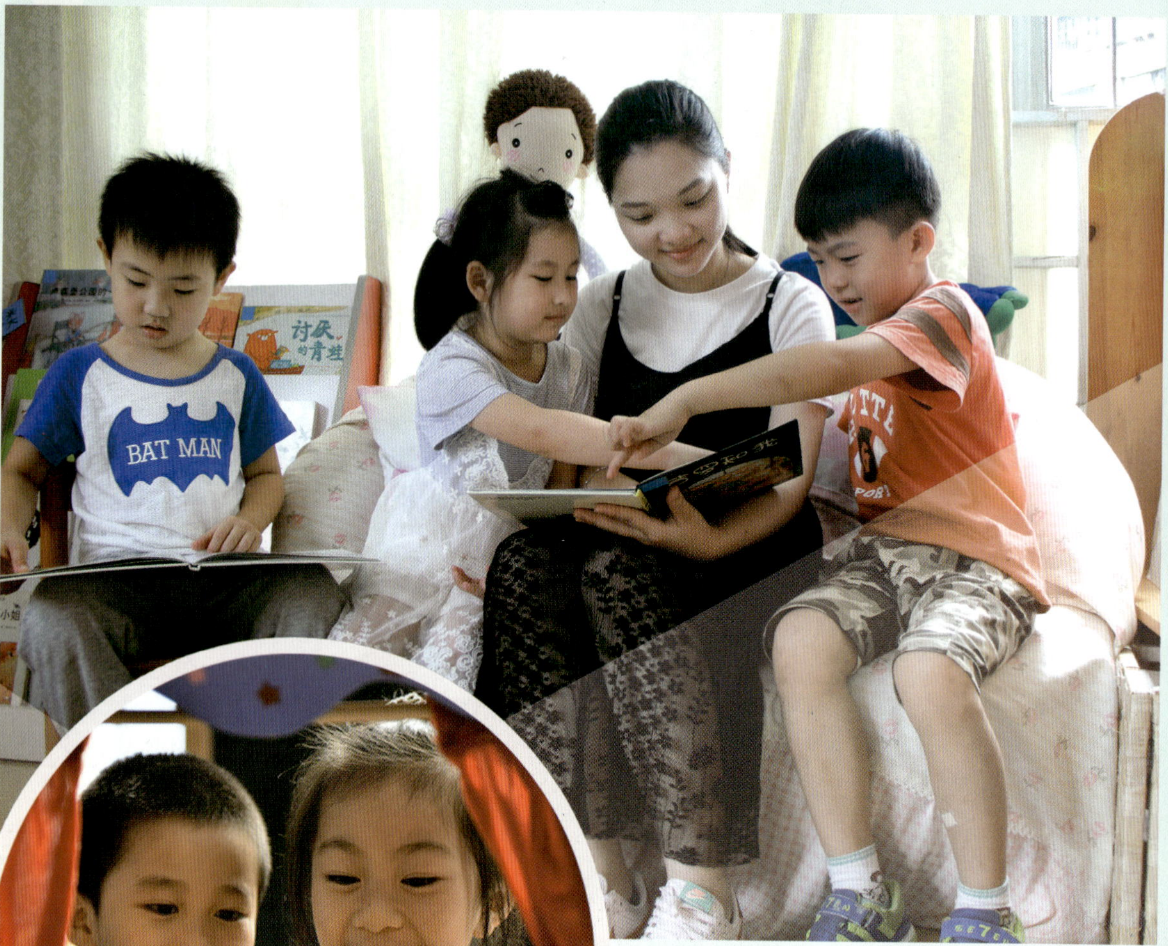

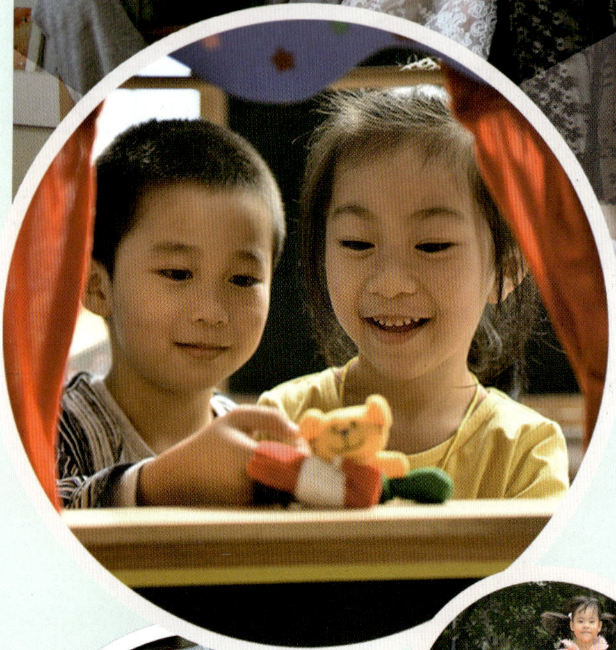

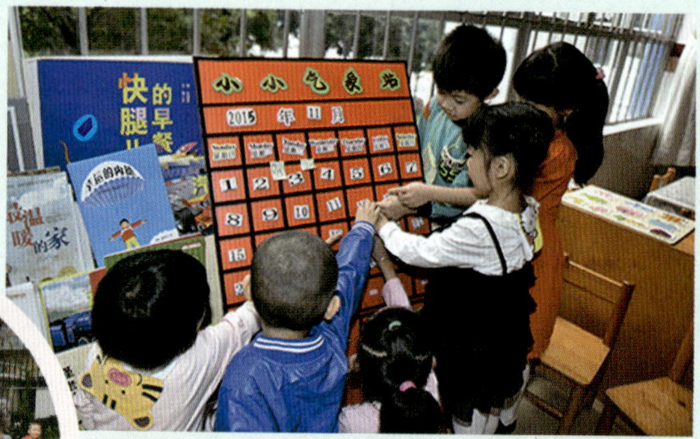

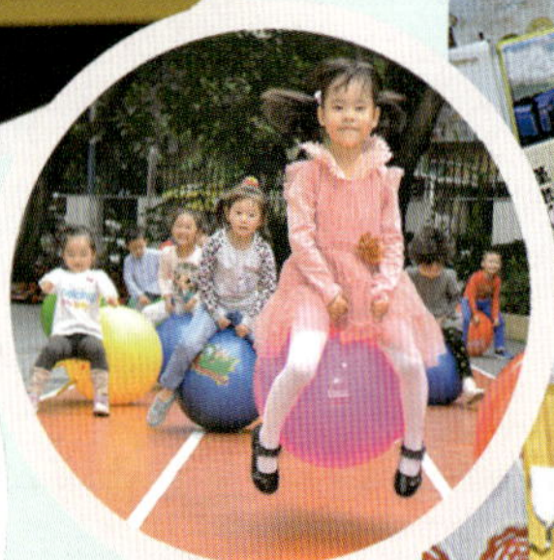

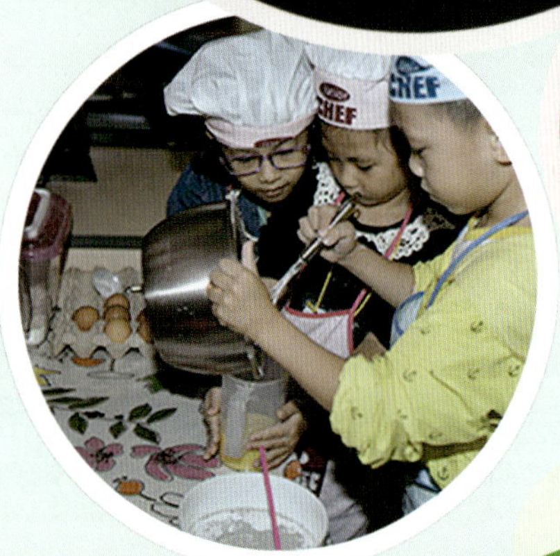

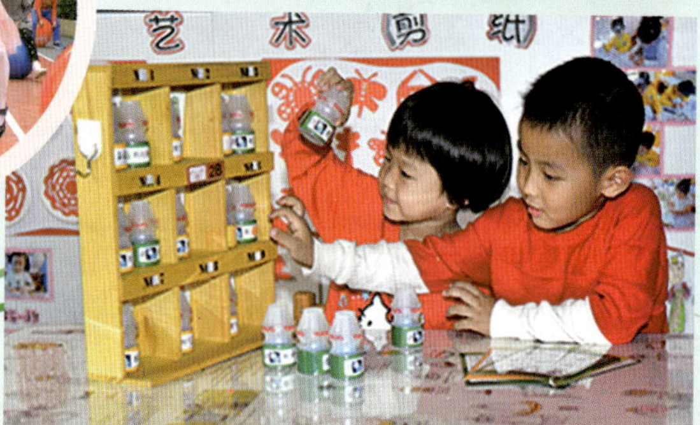

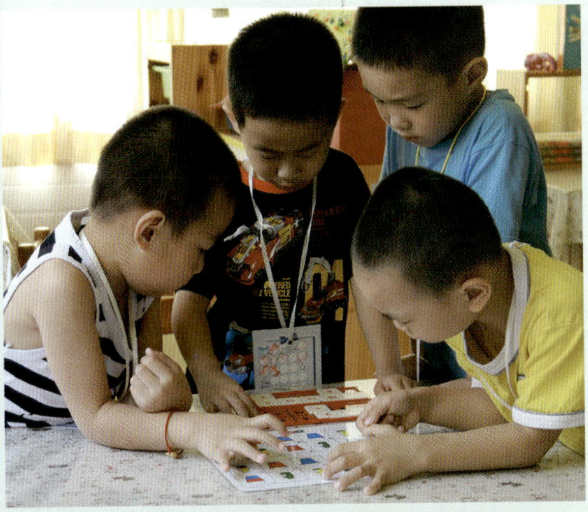

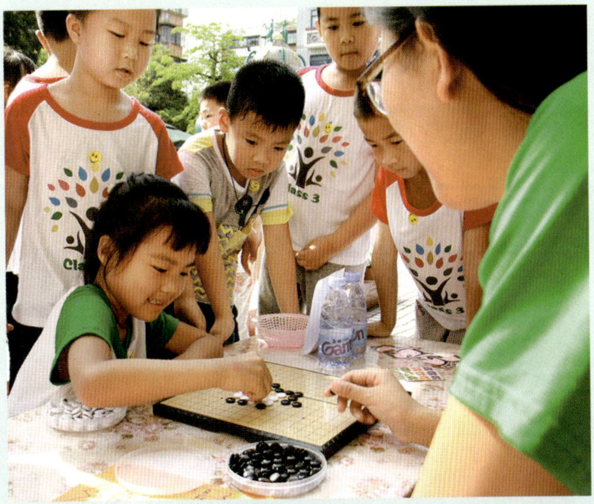

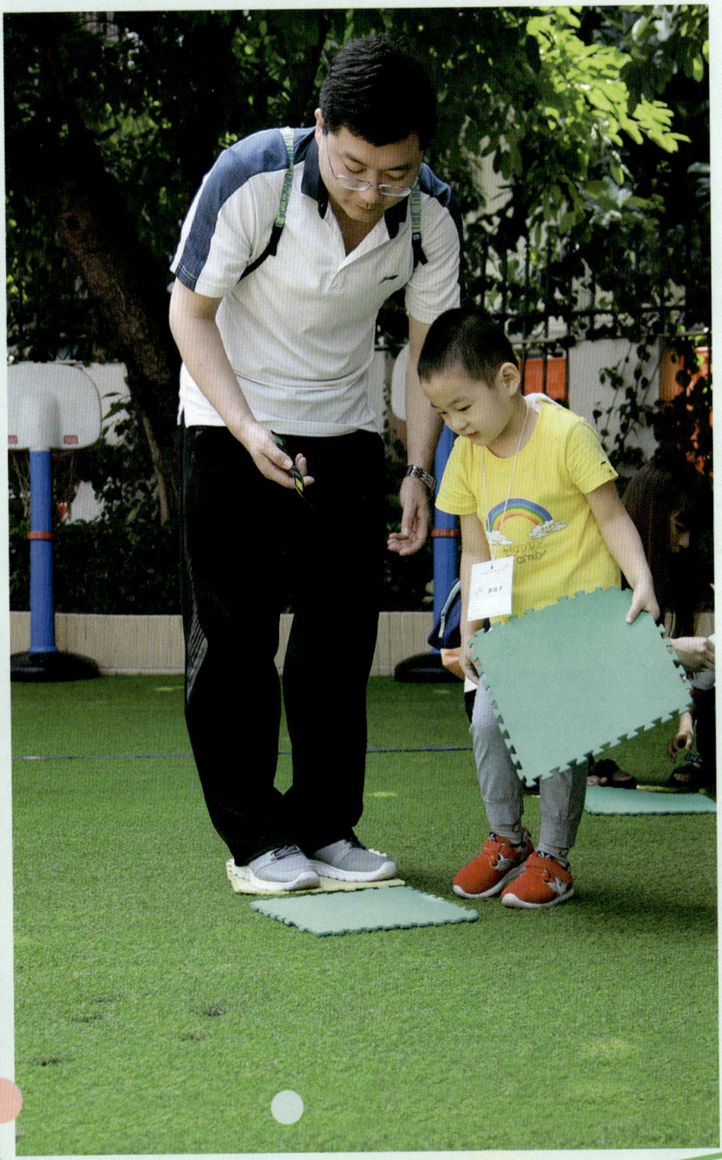

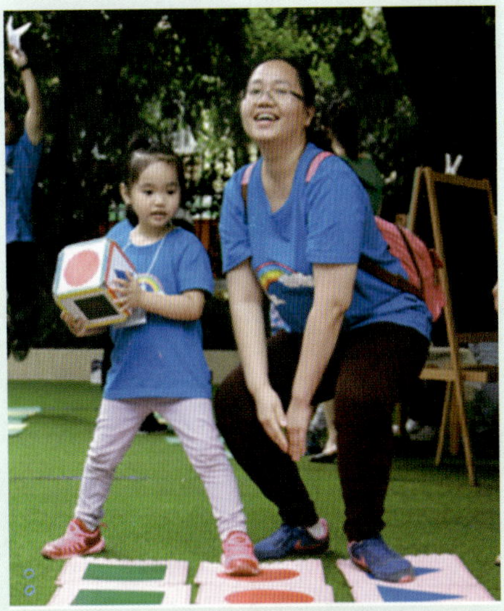

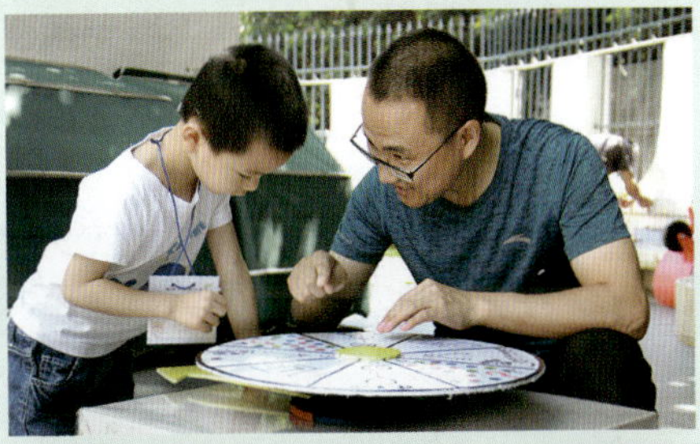

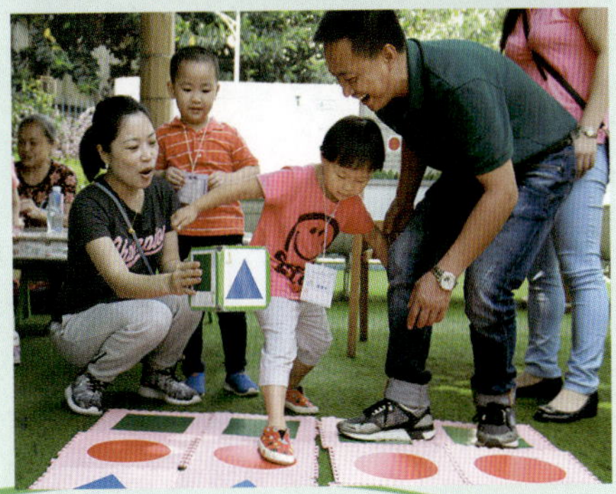

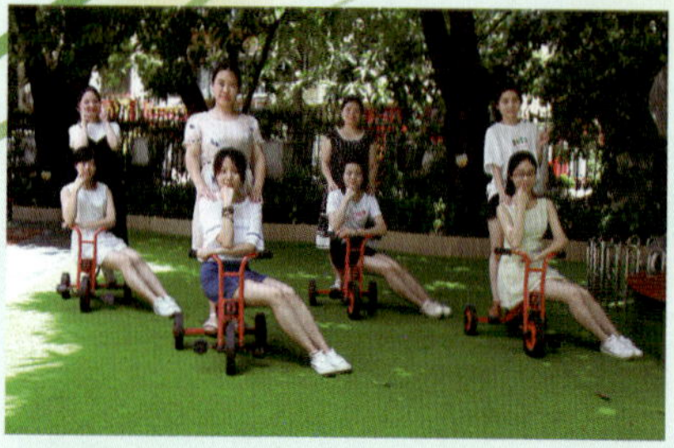

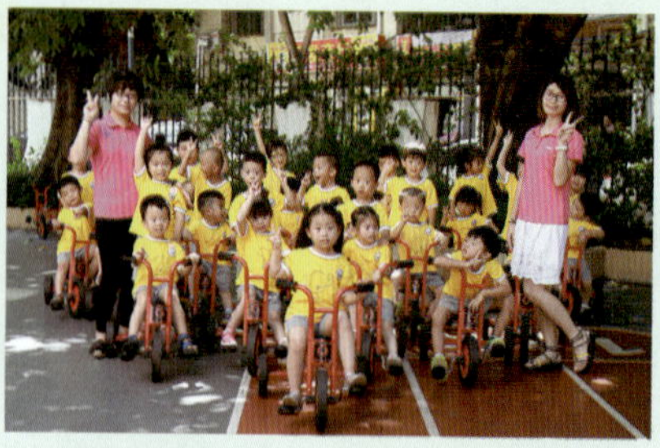

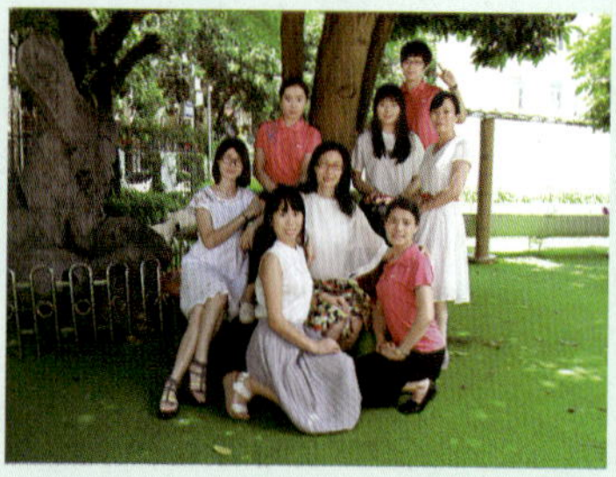

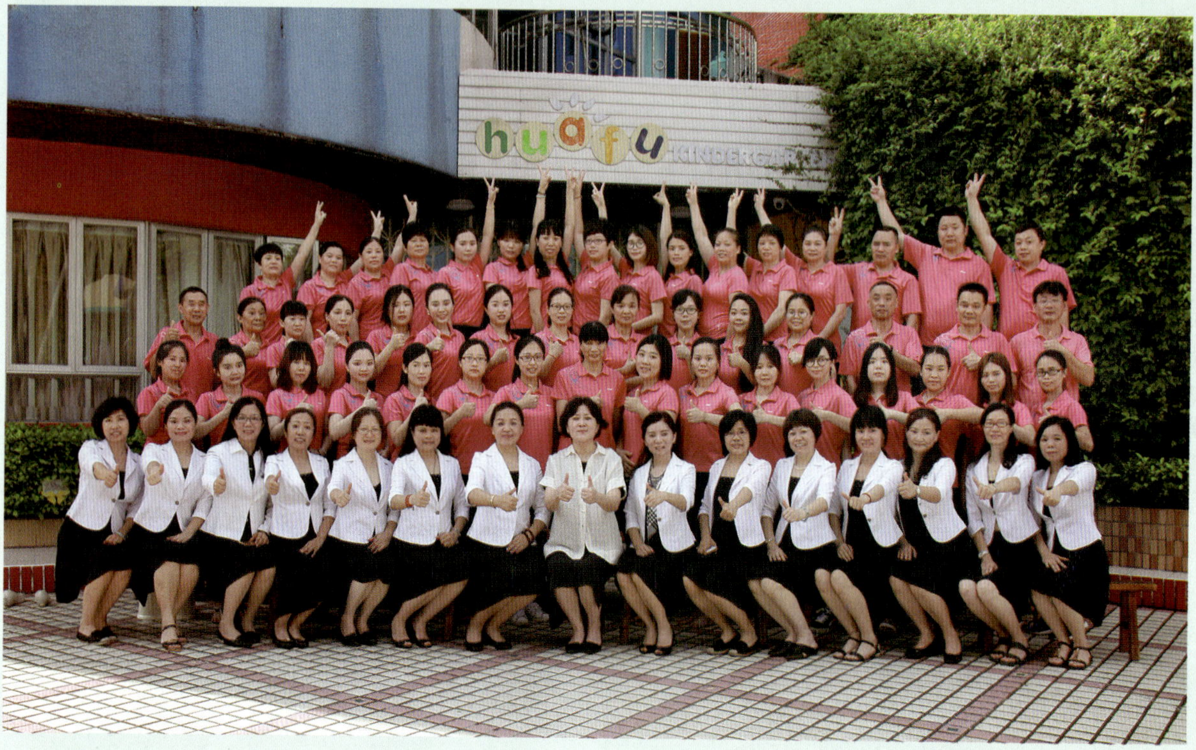
huafu

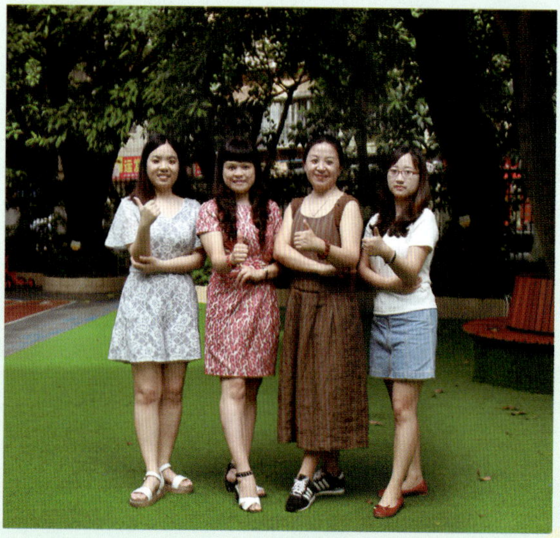

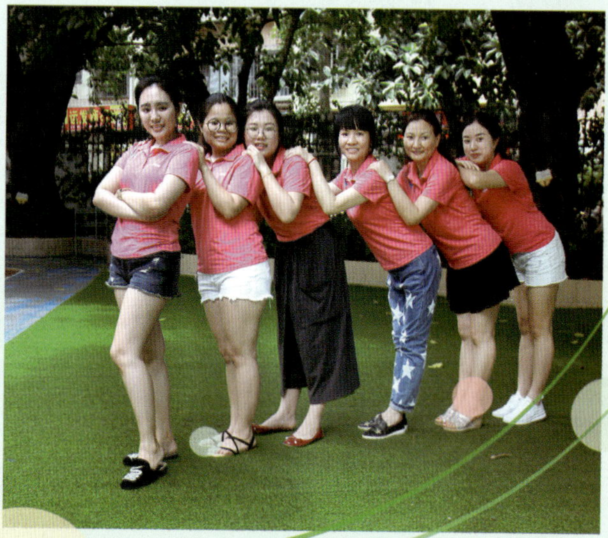

幼儿园课程研究
与实践方案丛书

回归本质的幼儿数学教育
——理论与实践探析

姜伟平 / 主编

北京师范大学出版集团
北京师范大学出版社

图书在版编目（CIP）数据

回归本质的幼儿数学教育：理论与实践探析/姜伟平主编. —北京：北京师范大学出版社，2020.1（2023.5）
ISBN 978-7-303-25197-1

I. ①回… II. ①姜… III. ①数学课—教学研究—学前教育 IV. ① G613.4

中国版本图书馆 CIP 数据核字（2019）第 224498 号

图书意见反馈　gaozhifk@bnupg.com　010-58805079
营销中心电话　010-58802181　58805532

出版发行：北京师范大学出版社 www.bnup.com
　　　　　北京市西城区新街口外大街12-3号
　　　　　邮政编码：100088
印　　刷：天津旭非印刷有限公司
经　　销：全国新华书店
开　　本：787mm×1094mm　1/16
印　　张：10
插　　页：4
字　　数：208 千字
版　　次：2020 年 1 月第 1 版
印　　次：2023 年 5 月第 2 次印刷
定　　价：45.00元

策划编辑：罗佩珍　　　责任编辑：王玲玲
美术编辑：焦　丽　　　装帧设计：焦　丽
责任校对：康　悦　　　责任印制：马　洁

版权所有　侵权必究

反盗版、侵权举报电话：010-58800697
北京读者服务部电话：010-58808104
外埠邮购电话：010-58808083
本书如有印装质量问题，请与印制管理部联系调换。
印制管理部电话：010-58805079

本书编委会

主　　编：姜伟平
副 主 编：王　欣
编　　委：陆毅娟　高　娜　周满娣　郑培芳　张　云　成哲茹
供稿作者：王红娟　贾晶晶　江锦华　李立群　朱秋满　陈小妹
　　　　　蔡雪霞　郭丹丹　杨兆翠　何　萍　梁水健　甘小凡
　　　　　朱素容　吴碧辉　谭少华　吴仁凤　唐为宁　王　玲
　　　　　曹　娟　田雨佳

序 言

幼儿数学教育的目的与方法

——读《回归本质的幼儿数学教育——理论与实践探析》

幼儿数学教育历来是幼儿园课程中一个不可忽略的内容。由于数学是一门知识性极强的学科，我们很容易在教学过程中自然而然地将知识技能的传授作为目标，落入所谓"小学化"的陷阱。这样一来，我们确实需要思考在幼儿园里究竟要不要进行数学教育，数学活动如何开展才有助于幼儿的学习与发展。读了深圳市华富幼儿园姜伟平主编的《回归本质的幼儿数学教育——理论与实践探析》这本书，我认为作者用他们的研究和实践很好地回答了这两个问题。

第一个问题"在幼儿园里究竟要不要进行数学教育？"探讨的是数学教育对幼儿学习与发展的意义，也就是幼儿数学教育的价值取向是什么。在《回归本质的幼儿数学教育——理论与实践探析》这本书中，作者明确定义了幼儿数学教育的目的：

（1）培养幼儿对数学活动的兴趣和良好的学习习惯；

（2）激发幼儿思考的积极性，并促进其认知能力的发展；

（3）引导幼儿在感知和体验中理解并懂得粗浅的数学知识。

我认为这三个目的说清楚了幼儿数学教育的价值取向及本质特征，并与小学的数学教育做了区分。数学是人类认识世界的智慧结晶，是人们在生活和工作中处处都离不开的一门知识。但是由于数学高度抽象且具有严密的逻辑，大多数人都对这门知识敬而远之，只了解一般性的常识，从而失去了使个人数理逻辑思维能力得到充分发展的机会。兴趣是学习的天然动力，从小培养幼儿对数学的兴趣，使他们喜欢参加数学活动，并在活动中养成良好的学习习惯，就自然成为幼儿数学教育的一个重要目的。在幼儿数学教育的价值取向中，最需要思考的还是"教什么"有助于幼儿当下及今后的学习与发展，是系统地教幼儿学会一些数学知识或技能，还是借助于数学知识的智力价值发展幼儿的认知能力，尤其是思维能力？这个选择不仅影响着活动的设计及教学方法的选择，而且也影响着活动过程中师生互动的关系，以及幼儿参与活动的兴趣和主动性。华富幼儿园选择了后者，他们把"激发幼儿思考的积极性，并促进其认知能力的发展"作为幼儿数学教育的核心目的。怎样运用数学知识和技能来实现这个核心目的呢？"引导幼儿在感知和体验中理解并懂得粗浅的数学知识"，这是华富幼儿园幼儿数学教育的目的之一。通过这一目的，他们明确了幼儿数学教育的教学法取向，即创设让幼儿积极参与的活动情境，使其通过自己的亲身感知、充分体验来构建粗浅的数学知识，并从中得到认知和思维的发展。

华富幼儿园所确立的三个幼儿数学教育的目的是浑然一体的，其价值取向、内容及教学法都为教学实践指明了方向、原则和方法。在此基础上，他们创建了自己的一整套幼儿数学教育的原则、内容、方法和途径，值得我们学习、借鉴和反思。

第二个问题"数学活动如何开展才有助于幼儿的学习与发展？"是要回答如何"教"的问题，这本书系统地阐述了他们的方法和途径。值得一提的是他们的课程观：

（1）课程是儿童经验与学科知识的结合；

（2）课程设计是一个高度灵活和开放的过程；

（3）课程以师幼的交往为基础。

这些课程理念正是落实幼儿数学教育目的的思想基础。我曾经观摩过他们许多小班、中班和大班的数学活动，还参加过他们的一些活动计划和活动反思的设计。在这些过程中，我感受和体会到了他们是怎样为实现教育目的而践行其课程理念的。正如书中所介绍的，他们在设计数学活动时，当选定了一个数学关键经验后，首先思考的是与这个经验相关的，幼儿已有的经验有哪些，如何引导幼儿运用已有的经验主动探索和解决新的数学问题。如此，教师在备课时思考的重心是幼儿本身的能力，而不是以成人的理解而划分的某个概念的认识步骤。他们特别重视活动过程的灵活性与开放性，每节课都是围绕一个数学关键经验进行的，教师会提出相应的问题，让幼儿去解答。但是解答的过程，教师是不做干预的。幼儿在操作过程中遇到的问题，或是闪现的灵光，教师会有针对性地加以指导，从而挑战幼儿的思维，促进幼儿认知能力的发展。在这样的过程中，教师关注的是幼儿的反应，并会根据不同幼儿的表现做出适当的回应，而不是按照自己预先设定好的程序，带领幼儿完成操作步骤。

在这里我们看到了教育目的与课程理念的关系，教育目的决定课程理念，课程理念是实现教育目的的思想基础，而教学法受到了目的与理念的指引。华富幼儿园数学教学法最值得一提的是"创设问题情境，促进幼儿深层次思考"。当幼儿数学教育的目的定位在"激发幼儿思考的积极性，并促进其认知能力的发展"上时，我们就需要考虑如何挑战幼儿的能力才能促使他们积极思考，运用自己已有的能力去解决新的问题。教师在幼儿解决问题的过程中，观察并了解幼儿的"最近发展区"，从而提供有益的支持和指导。这样的教学方法需要教师与幼儿之间"持续地分享思考过程"，相互之间产生积极的回应，互为主体。幼儿不再是听着教师的话完成操作步骤。

在华富幼儿园，教师不仅通过集体（主要是小组活动和主题活动）教学有计划、有目的地组织幼儿开展数学活动，而且还通过日常生活活动、区域活动等，有意识地支持、引导幼儿自发、自主地探究各种生成的数学经验，积极思考和解决自己的即时问题。这样使得幼儿的学习更贴近他们的生活和游戏，既培养了他们的兴趣，又促进了认知及思维能力的发展。

本书第四章专门叙述了教师在学习、研究、探索幼儿数学教育中，观念、方法和途径的转变。他们的研究态度和方法值得我们借鉴。华富幼儿园的教师队伍是个"学习共同体"，他们有着共同的教育理念和愿景。在一种对话的民主氛围中，教师针对自己实践中的困惑和难题，对照目的和理念坦诚地说出自己的想法和做法，不争对与错而是用实践来检验。这是一种很好的学习与教研风气。幼儿园的教研活动就是要让教师敢说并勇于做，只有做了才知道行不行。教研活动的一个重要环节就是反思，做了以后要思考做得如何，是否有效，有什么值得在以后的教学中坚持或调整的，而反思的镜子是幼儿的反应与表现。

读这本书时，最让我感动的是他们在教师观中提出的"教师是儿童精神家园的守护者"。什么是儿童的精神家园？儿童的世界本质上是精神世界，是非常广大、自由的，真正是"天高任鸟飞，海阔凭鱼跃"。他们有无数的想象和梦想，天真、淳朴、大气。儿童的行为完全是随着自己内心的想象和心情展开的，表露的是心中的真情、奇想，表现的是超越现实的梦想。做一名"儿童精神家园的守护者"，我们就要去守护他们的天真、淳朴、真情、奇想，让他们通过自己的感知、感受和体验去认识世界，用自己的想法和做法去解决问题，不要用成人所谓"正确""好坏"的标准去评价他们。这样做，我们成人需要更大的勇气来放下自己！我在参加华富幼儿园的幼儿数学教育研究过程中，看到了教师们正在努力一点一点地向这个理念迈进。特别是在和幼儿一起探讨数学问题时，他们做到了"幼儿在前，教师在后"，鼓励每位幼儿有自己的想法，用自己的做法，相互交流和学习。教师要真正成为"儿童精神家园的守护者"是很不容易的，让我们一起努力吧。

肖湘宁
于丽江

前　言

　　深圳市华富幼儿园成立于1993年9月，为深圳市直属公办幼儿园，现由深圳市投资控股有限公司旗下深圳市实验幼教集团有限公司管理。华富幼儿园毗邻美丽的深圳中心公园和笔架山公园，自然环境优越，园内鸟语花香、绿树成荫，幼儿可以在一个窗明几净、安全舒适的环境中学习、游戏和生活。2003年华富幼儿园通过广东省一级幼儿园评估，曾获"广东省绿色幼儿园"称号，曾被评为深圳市优质特色示范性幼儿园、深圳市文明学校等，并荣获了深圳市"办学效益奖"。我园拥有一个"团结务实，高效创新，专业引领"的管理团队和一支"乐学善思，爱岗敬业，以德为先"的教职工队伍。"做高品质幼儿教育"一直是我们的追求，我们坚守"以人为本，教书育人，和谐发展，面向未来"的办学初心，以"让幼儿拥有幸福而有意义的童年"为愿景，以"促进幼儿全面、和谐发展，成就教师职业理想，引领家园合作共享"为办园目标。我园注重校园文化建设，形成了"务实、互助、质量、突破"的园风和"尊幼、善学、勤业、敬业"的教风。建园26年来以良好的育人传统、专业的师资团队、卓越的办学效益在所服务的片区乃至全市获得了很高的信誉度和家长美誉度。

　　我园坚持进行数学特色教育创新，并持续深化园本课程内涵。近年来随着幼儿教育改革不断深化，幼儿数学教育从观念到行为也发生了转变，由重视幼儿数学知识技能向重视感受和体验转变；由单纯的教师教学向创设学习环境帮助幼儿主动建构数学经验转变。我们通过承担区、市、省、全国等多级课题并进行持续研究，积累了丰富的数学教育实践经验。同时我们也面临着一些前进中的困惑，一方面是在数学教育中我们总会听到一些关于"小学化"倾向的质疑声；另一方面是面对新时代的到来，我们也在反思当前的数学教育是否能满足未来儿童的创新意识和独立思考能力的发展需要。于是我们对现在的幼儿数学教育进行了认真思考，对教师的教育观念和教学方法提出了新的要求，一场幼儿园中的"学习—转变—实践"过程开始了。

　　在姜伟平园长亲自引领下，首先，我们聘请肖湘宁老师来园开设讲座，学习先进的教育理念，成立实验班带头实践；肖老师每月进班一次，对教学实践进行直接指导。其次，构建教师学习共同体，开展教师互助学习和智慧共享。由教研室牵头，组织教师集体备课、互相观摩，研讨教学案例，进行集体反思及自我反思；同时，为教师提供多样的学习培训，开拓教师的眼界，加深教师对理论和实践的了解。要超越之前的传统数学教育模式，并不是一件轻松的事情，很多时候教师的教学行为都会不由自主地带有旧有教学的痕迹。幸好有园长的大力支持和全体幼儿园教职工的积极参与，以及整个教师团队的全情投入，实验班的教师们才能不断地汲取力量。改变在不知不觉中发生着，教师的教育观念转变了，教育行为更为有效了，学习态度更积极了，最可喜的是看到了数学活动真的可以让幼儿发自内心地喜欢，原来孩子们的智慧真的超出了我们的想象。我们要把这些及时地记录下来，总结这段时间的经验，反思不足，为后续的研究做准备。

本书主要介绍了我们近年来在幼儿数学研究方面所取得的成果。我们提出了"回归本质的幼儿数学教育"的理论，并付诸实践，这个理论是我们深入贯彻《幼儿园教育指导纲要（试行）》和《3—6岁儿童学习与发展指南》的精神，学习借鉴先进的教育理念和教育模式，结合本园实践经验总结的。概括为：一个核心，即促进幼儿全面发展；两个主体，即发挥幼儿主动学习和教师主体支持的作用；三个关注点，即围绕数学关键经验设计组织活动，创设问题情境，开展互动学习，采用留白的教育艺术；四位一体的实施途径，即小组活动、区域活动、日常生活和主题活动相结合，落实教育理念。"回归本质的幼儿数学教育"首先明确了幼儿数学教育的本质，即利用数学特有的逻辑性和抽象性来促进幼儿思维的发展及认知水平的提高。教师将关注点由幼儿掌握了多少数学知识和技能，转向幼儿在活动中探索和解决数学问题的过程、思维的发展及对数学活动所表现出来的兴趣。教师会遵循幼儿学习数学的规律，为其提供问题情境和操作材料，引导幼儿在操作中建构自己的数学概念，并通过幼儿的操作结果来捕捉幼儿的"最近发展区"，用提问、动作引导等方式支持幼儿的学习。其次，明确了幼儿教育的本质，落脚点要放在对幼儿心灵的培育上。数学教育不单是引导幼儿学习知识技能，更是在游戏、学习、活动过程中营造氛围，鼓励幼儿间的人际互动，潜移默化地影响幼儿人格的塑造。因此，在进行数学教育时，教师会采用民主、平等的方式和幼儿交流，把自己放低，不干涉幼儿的操作过程，不用好坏来评价幼儿的操作结果，培养幼儿的独立思考能力，引导幼儿不盲从、不依附，真实地表现自我。

本书的资料都来自一线教师的实践，本书是在总结了近三年来进行数学实践的第一手资料的基础上写成的，经过大家的共同努力，终于面市了。本书共分为七个章节，其中第一章至第三章是理论部分，主要对华富幼儿园"回归本质的幼儿数学教育"的理念起源、内涵、特点与性质，以及组织实施做了详细介绍。第四章是教师的专业成长部分，描述了团队学习共同体的建构，以及教师是如何在教育理念和教育行为上进行转变的。第一章至第四章由教研室老师主笔。第五、六、七章是实践部分，介绍了小班、中班、大班三个年龄班的小组活动案例、数学区域操作材料，以及幼儿数学学习故事。这部分内容主要是由实验班的周满娣、张云、郑培芳、高娜几位老师负责资料的收集、编写和最后的整理的。全园教师都参与了案例和区域材料的收集。

本书凝聚了华富幼儿园多年研究的成果，是集体智慧的结晶。首先，要感谢这个充满爱与智慧的团队，教师们一直致力于对数学教育进行探索，过程中也遇到过不少困难，但都在集体的协助下妥善地解决了；要感谢我们可爱的孩子们，他们是我们成长的动力，也是我们教育智慧的源泉；要感谢我们的家长朋友们，他们的信任和支持让我们进行研究和实践的信心更加坚定。其次，要特别感谢一直引领和陪伴我们专业成长的肖湘宁老师，她身上所散发出的对幼教事业的使命感和深深的教育情怀时刻感染着我们。我们从肖老师身上学到更多的是一种厘清表象直达本质的思考方式，是一种尊重幼儿灵性，始终怀有善念的教育境界。她经常不怕辛劳，深入一线，和我们一起听课、教研，为我们园的教育研究指明了方向，她的耐心和鼓励帮我们一次次完成了自我成长和精神蜕变。我们尊称她为"最接地气的专家"。再次，要感谢我们的上级主管部门深圳市实验幼教集团有限公司，他们为我们提供了一个很好的教研平台，他们坚持走高品质教育之路，支持我们将华富幼儿园的传统优势转变为推动幼儿园持续发展的特色课程。特别是中心教务部的韩智部长，她在我们研究的过程中经常给予我们指导和肯定，鼓励我们及时将经验进行总结和提升。最后，要感谢深圳市教育局、深圳市教育科学院等上级单位和各级领导对我们进行数学教育研究和创新的支持！在此还要感谢北京师范大学出版社的罗佩珍编辑，因为她的耐心和坚持我们的书稿才能够顺利出版。

虽然我们已经尽可能全面地完善自己的观点和论述，但是由于自身水平的不足，以及视野的局限性，书中肯定会有考虑不够周到的地方，我们的幼儿数学教育还在实践中不断地进行变革和改进。希望读者和教师朋友们能够予以批评和指正，我们将不胜感激。

编　者

目 录

第一章 回归本质的幼儿数学教育的起源　　1

第一节 数学教育对幼儿学习与发展的作用　　1
一、让幼儿保持好奇并提高幼儿的学习兴趣，促进幼儿的发展　　1
二、利用数学的独特性发展幼儿的逻辑思维能力，促进其认知能力的发展　　2
三、培养幼儿良好的学习习惯和思维品质，为将来学习做准备　　2

第二节 回归本质的幼儿数学教育的研究历程　　3
一、从分科到开放式教学阶段　　4
二、有效性教学阶段　　4
三、回归本质的幼儿数学教育阶段　　5

第二章 回归本质的幼儿数学教育的内涵、特点及性质　　6

第一节 回归本质的幼儿数学教育的内涵　　6
一、幼儿数学教育的政策、理论基础　　6
二、回归本质的幼儿数学教育的价值取向　　9

第二节 回归本质的幼儿数学教育的特点及性质　　13
一、回归本质的幼儿数学教育的特点　　13
二、回归本质的幼儿数学教育的性质　　15

第三章 回归本质的幼儿数学教育的组织实施　　21

第一节 回归本质的幼儿数学教育的组织形式　　21
一、如何制订教学计划　　21
二、一日生活中数学教育活动的安排　　26

第二节 小组数学活动的组织　　27
一、小组活动中幼儿数学学习的特点　　27

二、小组活动中幼儿数学学习材料的提供　　28
　　三、小组活动中幼儿数学学习指导方法　　29

第三节　区域中数学活动的组织　　33
　　一、区域活动中幼儿数学学习的特点　　33
　　二、区域活动中幼儿数学学习材料的提供　　33
　　三、区域活动中幼儿数学学习指导方法　　36

第四节　日常生活中数学活动的组织　　37
　　一、日常生活中幼儿数学教学的特点　　37
　　二、日常生活中幼儿数学学习材料的提供　　38
　　三、日常生活中幼儿数学学习指导方法　　39

第五节　主题活动中数学活动的组织　　42
　　一、主题活动中幼儿数学教学的特点　　42
　　二、主题活动中幼儿数学学习材料的提供　　42
　　三、主题活动中幼儿数学学习指导方法　　44

第四章　成长：构建教师学习共同体，做最好的自己　　45
　　一、教师经历的转变　　45
　　二、构建教师学习共同体，做最好的自己　　48

第五章　小组活动案例精选　　56

活动1：分分乐　　58

活动2：变成一样多　　60

活动3：比一比，排一排　　61

活动4：小熊玩球　　62

活动5：接着往下排　　63

活动6：分饼干　　64

活动7：点物对应　　65

活动8：卡片接龙　　66

活动9：同样多的放一起　　67

活动10：排排乐　　　　　　　　　　　　　　68

活动11：小木片排排队　　　　　　　　　　69

活动12：数物接龙　　　　　　　　　　　　70

活动13：我来数一数　　　　　　　　　　　71

活动14：小动物坐火车　　　　　　　　　　71

活动15：点娃娃找糖果　　　　　　　　　　73

活动16：图形火车　　　　　　　　　　　　74

活动17：图形找家　　　　　　　　　　　　75

活动18：纸片变变变　　　　　　　　　　　76

活动19：看谁数得快?　　　　　　　　　　77

活动20：数量排序　　　　　　　　　　　　78

活动21：快乐拼插　　　　　　　　　　　　79

活动22：铺小路　　　　　　　　　　　　　80

活动23：图形变变变　　　　　　　　　　　81

活动24：分实物　　　　　　　　　　　　　82

活动25：剪刀、石头、布　　　　　　　　　83

活动26：黑白棋大赛　　　　　　　　　　　84

活动27：制作桌布　　　　　　　　　　　　85

活动28：水有多深　　　　　　　　　　　　87

活动29：寻找密码　　　　　　　　　　　　88

活动30：看电影　　　　　　　　　　　　　89

第六章　幼儿数学区域操作材料　　　　　91

第一节　集合　　　　　　　　　　　　　91

第二节　数、量及数量关系　　　　　　　94

第三节　图形及空间　110

第四节　认识时间　113

第七章　幼儿数学学习故事　115

学习故事1：数的分解与组合　115

学习故事2：好玩的火箭投掷　116

学习故事3：水杯比一比　119

学习故事4：物品找家　120

学习故事5：我的表征方式　122

学习故事6：9元自助餐　124

学习故事7：数棒　127

学习故事8：挑彩棒　128

学习故事9：搭高楼　130

学习故事10：我会分　132

学习故事11：稀奇古怪的影子　134

参考文献　143

后　记　144

第一章 回归本质的幼儿数学教育的起源

第一节　数学教育对幼儿学习与发展的作用

数学是研究客观世界中的数量关系和空间形式的一门科学。作为一门工具性学科，数学具有高度的抽象性、严密的逻辑性和广泛的应用性三个最重要的特征。幼儿处在逻辑思维萌芽及初步形成的时期，但这也是数理逻辑发展的敏感期，对幼儿进行数学教育能够让他们尽早地开始主动思考，养成好的早期学习习惯和学习品质，使他们将来更快地适应小学生活。因此，受幼儿心理发展水平所限，幼儿园数学教育不在于让幼儿获得多少数学概念和知识，而在于激发幼儿学习数学的兴趣，让他们产生学习的动机，通过活动和材料培养幼儿的数学能力和思维能力。

一、让幼儿保持好奇并提高幼儿的学习兴趣，促进幼儿的发展

美国著名的心理学家布鲁纳曾经说过："学习的最好刺激，是对学习材料的兴趣。"兴趣是最好的老师，幼儿思维的特点决定了能够引起幼儿兴趣的往往是色彩鲜明的、形象的、变化多端的事物，而数学的抽象性和逻辑性等特征使数学教育恰恰又缺乏这些引起幼儿兴趣的有利条件，数学学习如果没有正确的方法和良好的定位就可能会让幼儿感到害怕、拒绝甚至产生数学焦虑，从而让幼儿在心中形成数学阴影，影响其今后的数学学习。

幼儿数学教育的首要任务就是激发幼儿学习数学的兴趣和进行探究学习的欲望，引导幼儿能够更加主动地思考问题，并且在学习的过程中体验到成功与愉悦的感觉，特别是要使幼儿做好学习数学的心理准备，为幼儿逻辑思维的发展打好基础。在考虑教学要求、制定教学内容、选择教学方法时，必须以此为出发点。例如，引导幼儿了解数的组成。以发展幼儿逻辑思维为主要目标，在教学的要求上就应引导幼儿重点感知数的组成中的三个基本逻辑关系，即一个数与它的两个部分数之间的包含关系，以及它的两个部分数之间的互补关系和互换关系。在教学方法上就要在幼儿可以完全熟练地进行数的分解与组合后，引导他们去探索这三个关系。幼儿只有真正掌握了这三个关系，并在心理上构建了它们的逻辑联系，才能完全理解数的组成。

在进行数学教育时，教师对幼儿要给予肯定的态度，注意保护幼儿学习数学的兴趣，使幼儿对数学拥有积极、好奇的态度，这比使幼儿得到正确答案更重要。鼓励幼儿在学习过程中依靠自己的经验，而不是依靠教师的经验，探索出解决问题的方法。教师也要帮助幼儿为他们日后进一步接受数学教育做好心理上的准备，为幼儿的全面发展和可持续发展做充分的准备，不要因为要追求正确答案，就让幼儿死记硬背，从而导致幼儿对数学活动失去兴趣，变得害怕学习数学。

二、利用数学的独特性发展幼儿的逻辑思维能力，促进其认知能力的发展

教育家加里宁说过："数学是思维的体操。"数学不仅仅是一种工具，它更是一个人必备的素养，会影响一个人的言行、思维方式等，也就是说数学可以锻炼人的思维。数学学习的过程本身就包含了一系列逻辑活动，因此对幼儿进行初步数学教育是发展幼儿思维能力的一个重要而有效的途径。例如，数的抽象意义，一个数可以表示任何一组数目与它相等的物体。我们可以引导幼儿通过感知各种数目相等的物体集合概括出它们的共同特征。这样，幼儿在领会了数的实际意义的同时，也锻炼了概括与抽象能力。"用则进"，解决数学问题的过程必然也能使幼儿的思维能力得到锻炼，并进一步获得发展。

逻辑思维能力，是指能够对事物或现象进行分类、比较、匹配、对应、排序、概括和简单推理的能力。我们知道思维是认知的高级形式，认知能力是人的发展核心。发展幼儿逻辑思维能力的同时也能促进幼儿认知能力的发展。幼儿学习数学不只是掌握数学知识，更重要的是获得一种数学思维方式。我们可以通过引导幼儿运用感知、记忆、注意、思考和想象等认知能力，让幼儿的思维从具体形象性向抽象逻辑性过渡。在感知和记忆的基础上，进行分析和思考，以进一步认识事物的本质和规律。例如，幼儿通过操作不仅能感知5的分解与组合，理解分解与组合的抽象含义，还能根据5的分解与组合的知识，推导出6和7的分解与组合。可见数学教育不仅能让幼儿获得数学知识，也能发展幼儿的思维能力。

三、培养幼儿良好的学习习惯和思维品质，为将来学习做准备

幼儿数学教育有助于培养幼儿的规则意识和任务意识。由于幼儿必须基于操作，通过和材料互动来建构数学知识，所以幼儿数学教育就成为一种比较特殊的活动，一般是指在教师的引导下采取的有组织的教学形式。在进行操作活动时，教师有时会给出明确的操作规则和常规要求，这些正好可以培养幼儿的任务意识、规则意识。幼儿对操作规

则的理解和遵守也具有双重意义。它既是幼儿完成数学操作的保证，也是幼儿社会性发展的具体体现。任务意识、规则意识的发展，能为幼儿适应小学正规化的学习活动打下重要的基础。

幼儿数学教育有助于培养幼儿学习数学的主动性、积极性，激发其学习动机。由于数学本身的抽象性和逻辑性特点，它不像语言、艺术等有着跌宕起伏的情节、优美动听的旋律和色彩艳丽的画面，所以幼儿一般不会自发地对数学活动产生兴趣，产生探究数理逻辑的欲望。因此教师要选择适宜的数学教育内容、丰富而具体的数学操作材料、生动有趣的数学活动形式，促使幼儿在主动的探索和学习过程中，自己发现问题、分析问题、解决问题，养成正确对待不同类型活动和学习的良好态度。

幼儿数学教育有助于培养幼儿的学习品质。幼儿在刚刚学会了一种技能，或者理解了一个概念后，会有一种反复练习这种技能或反复领会这个概念的强烈欲望，这时教师应为幼儿提供一系列活动，以满足他们的欲望，这样更能激发幼儿积极参与活动的兴趣。另外，幼儿想要理解数学知识，从了解具体形象到发现内部的抽象逻辑关系，不可能通过一次活动就实现，必须是幼儿自己主动建构，并且要经过多次练习。在这个过程中幼儿不仅要运用逻辑思维能力，还需要克服一定困难，从而可以培养出坚持、忍耐、敢于质疑、独立思考等学习品质。

幼儿数学教育可以帮助幼儿感知、体验数学概念的系统体系，从而为小学学习做好准备。数学概念的抽象是一种阶梯式的一层又一层的抽象。幼儿数学教育应遵循这一规律，帮助幼儿完成一级又一级的概念抽象，建立数学的知识体系（结构），这样幼儿才能在理解的基础上逐级形成概念，随着概念等级的升高，幼儿的能力也会一步一步地提高。例如，自然数概念的学习包含了集合、一一对应、基数、序数这样一些基础概念，而集合、一一对应的概念又是学习基数、序数的基础。因此应系统地提供数学活动让幼儿通过自身的活动，在经验的水平上建立相应的数学知识体系（结构），掌握进行数学认识活动的方法。应使幼儿较早的接触数理逻辑知识，学习运用逻辑思维解决问题，为幼儿进入小学开始正式的数学教育奠定基础。

第二节　回归本质的幼儿数学教育的研究历程

我们立足于数学教育对幼儿学习发展的意义与价值，努力满足幼儿的学习与发展需要，始终将用教育促进幼儿全面发展作为根本任务，关注幼儿心灵的成长。在《幼儿园教育指导纲要（试行）》和《3—6岁儿童学习与发展指南》的指导下，我们提出了"回归本质的幼儿数学教育"的理念，这是多年来园本课程实践的成果，是对园本数学教育活动的传承与创新。我们的研究过程先后经历了从分科到开放式教学、有效性教学、回归本质的幼儿数学教育三个阶段，初步形成了相应的目标、内容、原则和途径，希望通过我们的不断努力进一步完善回归本质的幼儿数学教育的理念，并将其融入园本课程体系，形成一种特色。

一、从分科到开放式教学阶段

以开放教育的理念，打破数学分科模式的局限，将数学与主题活动融合，成为综合性活动的一个部分，这符合幼儿整体性学习的需要。通过综合性的主题活动使数学学习贴近幼儿生活，在日常生活中使幼儿有机会进行非正式的数学经验感知。要注重幼儿的体验、操作和感受，保护幼儿的探究欲望。教师对幼儿的观察应照顾个别差异。通过一段时间的探索之后，我们发现了一些数学与主题活动融合的局限性问题。

一是数学教育很难与主题活动融合。主题活动的名称一般反映了主题的内容和探究的方向。有的领域比较好融合，如语言、艺术等，但数学比较困难，有时融合得比较勉强，有时就干脆不出现在整个主题活动中。这样不仅会带来儿童发展的不平衡，渐渐地也会出现领域学习的不平衡。

二是数学教育逐渐被弱化。由于数学学科本身的特点，数学知识点之间有着逻辑顺序和阶段目标，数学教育应根据幼儿年龄特点设计出一个完整的学科编排体系。而主题活动是综合性的、整合性的活动，它会展现各门学科知识之间的有机联系。主题活动与数学之间的关联性和其他学科相比，没有那么强，相反，如果勉强将数学融合进主题活动中，有时会破坏学科学习的系统性，不能使数学教育达到促进幼儿思维能力发展的目的。

二、有效性教学阶段

以有效性教学为原理，尊重幼儿个体差异，通过创设学习环境，激发幼儿主动学习与合作学习。数学活动主要采取幼儿区域自主学习与教师有组织的小组教学相结合的形式。在有效性教学理念的引领下，我们在教育观念上贯彻、落实《3—6岁儿童学习与发展指南》的精神，认识到了数学教育对幼儿整体发展的意义。数学是一种思维方式，也是一种实践能力，要重视幼儿对数学知识技能的体验和感知，重视幼儿思维能力的培养。教师要尊重幼儿的个体差异，给予适当支持，不能强求幼儿在同一时间、用同一速度掌握相同的内容。我们认识到应从幼儿数学教育的任务、内容、手段和方法等方面着手，创设适宜的数学学习环境，提供目标明确、层次分明、涵盖数学逻辑内容的学习材料帮助幼儿增长数学经验。并且还要按照幼儿掌握数学知识的认知发展规律和数学知识结构本身的规律，梳理幼儿数学学习的特点，掌握幼儿学习数概念的过程。此外，要提高教师数学学科本体知识水平，以及进行数学教育实践的能力，让有效教学落实在幼儿数学能力发展上。同时，我们也发现了目前存在的一些问题。

例如，区域材料多以高结构材料为主，缺乏展现数学知识的系统性和逻辑性的材料。幼儿在与材料互动时也多是感知、体验数学知识，缺乏与成人和有经验同伴的互动，获得的支持较少，逻辑思维能力和语言表达能力的锻炼较少，一些活动没有发挥数学应有的教育作用。

又如，大量教师为新教师，一些教师对数学知识本身的概念、数学内容之间的前后逻辑关系把握不准，尤其是对幼儿掌握数学概念所需要的心理准备、知识准备和学习轨迹认识得比较模糊。因此在与幼儿互动时，他们不能有效地帮助幼儿提高思维能力，师幼互动质量有待提高。

三、回归本质的幼儿数学教育阶段

针对前面两个阶段研究中出现的问题，我们主张发挥教师的主观能动性，同时聘请专家深入教学现场，通过行动研究共同观察幼儿活动情况，做出分析，提出改进策略。这个过程中一些人也会质疑我们的研究是否有"小学化"倾向。要使幼儿数学教育有别于"小学化"，必须重新思考这样两个问题：教育的本质是什么？幼儿数学教育的本质是什么？于是我们在姜园长的引领下，在传承前面研究经验的基础上，开始了新一轮的深入研究。教育不只是要传授知识技能，而且要关注人的发展，要注重幼儿的整体发展、人格的培养、心灵的成长。在实施数学教育时，也要促进幼儿全面发展。要抓住幼儿数学教育的本质，关注幼儿在学习过程中对数学关键经验的感知、体验，发挥数学促进幼儿认知能力发展的特殊作用。学习梳理、提炼幼儿的关键经验，教师在关键经验的基础上开展有效教学，帮助幼儿提升思维能力。研究过程中要考虑将教育理念落实到教师每日教学行为上需要采用哪些有效的教研方式，以及如何提升教师的专业能力。

经过近年来的研究和实践，我们提出了回归本质的幼儿数学教育的理念，即回归到教育的本质，教育不仅要传授知识技能，更要培育思想与灵魂，提高精神与境界；回归数学教育的本质，即利用数学内在的逻辑性和抽象性来促进幼儿逻辑思维的发展，形成相关的目标、内容和组织方式，梳理出各年龄段幼儿数学学习的关键经验，构建教师学习共同体，形成教师互助学习、合作共享的有效教研模式。

第二章 回归本质的幼儿数学教育的内涵、特点及性质

第一节 回归本质的幼儿数学教育的内涵

一、幼儿数学教育的政策、理论基础

（一）国家相关法规

《幼儿园教育指导纲要（试行）》中明确指出了幼儿数学教育的内容与要求："引导幼儿对周围环境中的数、量、形、时间、空间等现象产生兴趣，建构初步的数概念，并学习用简单的数学方法解决生活和游戏中某些简单的问题。"

《3—6岁儿童学习与发展指南》在数学认知方面也对幼儿提出了合理的期望："初步感知生活中数学的有用和有趣；感知和理解数、量及数量关系；感知形状与空间关系。"

我们将在国家相关法规的指导下，努力培养幼儿全面发展，并将此作为教育的根本任务和最终目标。

（二）皮亚杰认知发展阶段理论

皮亚杰认为，知识建构的过程也就是智力发展的过程。智力发展的本质是个体对外界的不断适应，这种适应以两种形式表现出来，一是同化，即儿童把外界的信息纳入他们已有的认知结构中；二是顺应，即儿童改变已有的认知结构以适应外部环境。随着同化、顺应之间的平衡与不平衡的循环往复的过程，儿童的智力水平从低级向高级发展。皮亚杰根据自己多年实验研究的结果提出了认知发展的阶段理论。他认为，儿童的心理发展表现为四个连续的阶段，每个阶段都是前一个阶段的延伸，是在新的水平上对前一个阶段进行改组，并以不断增长的程度超越前一个阶段的。每个儿童都会毫无例外地按照固定的顺序从前一个阶段过渡到后一个阶段，不会跳跃式的发展。其中个体差异表现为儿童通过每一阶段的速度是有所不同的。3～6岁的儿童正处于四个阶段中的"前运算阶段"。

由此我们可以看出，儿童是主动的学习者，儿童是在操作和活动中进行学习的，是

自己在活动中重新建构获得新知识的。这就要求我们在具体教学中，要重视儿童的主动学习和独立探索，改变以前的让儿童被动接受知识、对知识进行单纯记忆与练习的教学方法。同时要帮助幼儿建构数学学习所需要的心理活动情境，让幼儿能按照自己的步调进行学习，改变以前"同一时间，用同样的方法完成同一内容"的做法。

（三）维果茨基的"最近发展区"理论

维果茨基认为，学习者认知发展的根本动力依赖于思维的社会基础。发展是运用文化社会提供的心理工具进行学习的过程，社会互动促进了学习者的认知发展。他认为，学习者心理机能的发展开始于外部环境。先是外部的社会与文化作用于发展个体，然后特定的社会文化的心理工具在学习者身上得以内化。此外，维果茨基还提出了著名的"最近发展区"理论。在维果茨基看来，至少要确定两种发展水平。第一种水平是现有的发展水平，或称为实际发展水平，它取决于人独立解决问题的能力，标志着官能的成熟；第二种水平是潜在发展水平，也就是即将达到的发展水平。"最近发展区"介于实际发展水平与潜在发展水平之间，它描述了智力发展可能达到的水平。由于"最近发展区"为儿童的发展提供了可能的区间，如果教学难度或内容低于实际发展水平，教学对于儿童而言则是枯燥乏味的，不利于提高儿童的学习热情，也不会促进儿童的发展。如果教学的难度和内容高于潜在发展水平，儿童则难以接受，不能内化活动内容，这样的教学也很难促进儿童发展。所以维果茨基在建议教学走在发展前面的同时，也强调了教学应该在儿童的"最近发展区"内展开。

我们认为，幼儿数学能力的发展不能光凭幼儿自身的主动学习和自己建构数学经验，也需要成人或有经验的同伴引导，在"最近发展区"中给予他们帮助，让幼儿获得新的成长。因此，熟悉幼儿发展的普遍规律，了解每个幼儿个体的差异性发展水平，掌握幼儿数学学习轨迹是教师支持幼儿数学学习的基础，是教师设计、组织数学教学活动的保证。

（四）布鲁纳支架式教学模式

美国著名心理学家布鲁纳受到了维果茨基"最近发展区"理论的启发，提出了支架式教学模式。"支架"本意是建筑行业中使用的脚手架，支架式教学把教师的帮助和引导类比为"支架"，从而形象地说明这种教学模式，即教师作为文化的代表引导教学的进行，让儿童掌握、建构和内化所学的知识技能，从而使他们能够进行更高水平的认知活动。这种模式的实质是通过教师的帮助把管理学习的任务逐渐由教师转给儿童本人，促进学习者由被动学习转为独立学习，最后撤去"支架"。在支架式教学模式中，所使用的"支架"可以是互动式的，也可以是非互动式的，但不管使用哪种类型的"支架"，其基本过程都包含以下三个阶段。①预热：教师将儿童引入一定的问题情境中，并提供相关的工具。

②探索：教师首先为儿童确立目标以引发情境中的各种可能性，让儿童进行探索尝试。③独立探索：教师放手，让儿童围绕已经确定的目标自己选择探索的方向和问题，选择自己的方法，独立地进行探索。"支架"应用的关键在于保证"支架"一直处于儿童的"最近发展区"，确保儿童在"最近发展区"的范围内学习有挑战性的内容。同时随着儿童超越当前的"最近发展区"进入新的"最近发展区"，教学所使用的"支架"必须及时做出调整。

我们认为，有效性教学首先要创设一个问题情境，引发儿童参与和探究的兴趣，通过积极适宜的师幼互动促使儿童深度学习，让儿童自己独立思考问题，大胆尝试，寻找解决问题的方法，参与知识的获得过程。在问题情境中强调操作感知，通过人际互动、讨论分享等支持儿童的主动学习。

（五）高宽课程中的数学教育模式

美国高宽课程理论是以皮亚杰、维果茨基的建构主义为依托的，它将儿童看作主动的学习者，成人则是儿童学习的支持者和合作者。该课程中数学教育的特色如下：①该课程鼓励儿童主动学习。儿童通过主动参与听、感觉、操作等一系列活动学习概念、形成想法并产生抽象的意识。②活动是在一定的社会背景下开展的，成人只是参与者和观察者，而不是活动的实施者。教师是儿童发展的支持者，他们的主要目标是鼓励儿童主动学习。教师并不告知儿童学习什么或怎样去学，相反，他们准许儿童自己操控学习。③倡导教师与儿童之间进行互动，学习被看作教师和儿童之间有意义的互动，教师和儿童之间积极主动的互动是课程的一个重要方面。④强调环境的设置。要满足不同儿童的需要；为所有的儿童提供充分的材料；让儿童独立地发现、使用和归还材料；鼓励开展不同类型的游戏和活动；让儿童在教室的每个角落可以自由地走动；儿童能够灵活地将材料从一个区域搬到另一个区域；所提供的材料要体现儿童家庭背景的多样性。

美国高宽课程内容的重要部分就是"关键经验"，它是对学前儿童一系列社会的、认知的和身体的发展情况的描述。关键经验也是学前儿童在他们真实生活中所积累和获得的，换句话说，关键经验反映了学前儿童之前和正在做的事情。因此，熟悉了关键经验，我们就能将关键经验作为观察、描述儿童行为的工具，从而更好地理解某阶段儿童正在做的事情，理解他们的想法，理解他们的兴趣和需要，并以关键经验来指导对儿童的教育，更好地支持儿童的发展。高宽课程中涉及数学和逻辑发展方面的关键经验有31条。

借鉴高宽课程中的数学教育模式，我们在实践研究的基础上，梳理出了适合我们自己的关于幼儿数学学习的关键经验。我们可以将关键经验作为对儿童评价的一个基本材料。确定一个阶段的关键经验后，选择能支持这些关键经验的材料，将材料放入各个活动区中，让儿童从事各种区域活动，操作这些材料，一段时间以后，就能对儿童的能力有一个较系统的评价了。教师可以通过关键经验对儿童进行观察和评价，并在对儿童进行观察的基础上安排每天的活动。我们还可以以关键经验为基础安排小组和大组活动时间，以关键经验来指导教师与儿童间的交往，选择合适的支持策略。

二、回归本质的幼儿数学教育的价值取向

基于幼儿数学教育理论，结合自身实际情况及前期研究经验，我们提出了回归本质的幼儿数学教育的理念，该理念有两方面内涵。一方面是回归到教育的本质，即教育不仅要传授知识技能，更要培养幼儿全面发展，促进幼儿独立人格的发展，从而使教育达到真善美的境界；另一方面是回归到数学教育的本质，即利用数学内在的逻辑性和抽象性来促进幼儿逻辑思维的发展，提升幼儿的认知能力。我们确立了以"做"中学和问题引导为主的教学策略，即教师为幼儿的自主探索提供一定的时间和空间，引导幼儿在"做"中学，同时敏锐把握幼儿的"最近发展区"，在问题启发中帮助幼儿及时提升数学能力和认知能力。

（一）我们的儿童观

1. 儿童是积极主动的学习者

儿童是有着好奇心的学习者，他们一直在寻求对周围世界意义的理解，在和父母、教师及同伴的交往中，他们会构建起自己的认知和价值观体系，儿童有着展现、交流和表达自己想法的多种方式。教师在进行教学设计时，给儿童呈现的应是一个开放的教学空间：教师提出问题，并提供相应的操作材料。儿童对数学概念的理解，是在反复地操作材料的过程中自己概括出来的。对于儿童操作的过程和结果，教师应给予一个较为开放的环境，以便儿童更为自主和大胆地进行探索，教师不应对儿童操作的程序和步骤进行严格设定。

2. 儿童天性美好，心灵纯净

童心是人的美好天性之一，每个孩子都是一个可爱的天使，他们有一双最澄澈的眼睛，有纯洁美好的心灵，他们天真懵懂地与这个世界友好相处着。人性本善，我们的教育，应该像春风一样，唤醒孩子心中那颗真善美的种子。有这样一个故事：

> 校园里的花房开出了一朵硕大的玫瑰花，一个四岁的女孩子摘下了花，苏霍姆林斯基见了便问道："孩子，你摘这朵花是给谁的？能告诉我吗？"小女孩害羞地说："奶奶病得很重，我告诉她学校里有这样一朵大玫瑰花，奶奶有点不相信，我想带回家给她看，看过后，我就把花送回来。"听了孩子天真的回答，苏

霍姆林斯基被感动了，又摘下了两朵大玫瑰花对孩子说："这一朵是奖给你的，你是一个懂得爱的孩子；这一朵是送给你妈妈的，感谢她养育了你这样的孩子！"

作为教师，我们更要珍视幼儿本身的天真美好，以欣赏的态度对待幼儿，当看到他们做"错"事时，不要急着去批评纠正，多问一句为什么，或许就会有意想不到的收获。

3. 儿童有属于自己的权利

1989年联合国大会通过了《儿童权利公约》，其明确指出："缔约国应确保有主见和有能力的儿童有权对影响到其本人的一切事项自由发表自己的意见，对儿童的意见应按照其年龄和成熟程度给以适当地看待。"教师应把儿童视为权利的主体，保障他们的参与权，倾听儿童的声音，为他们的表达提供一定的空间，让儿童体验到充分的尊重感和能力感。在数学活动中，教师经常会碰到两个问题：幼儿不想学习数学怎么办，以及幼儿总是"学不会"怎么办。在实践中，我们的教师是这样做的：当幼儿今天确实不想参加数学活动或者对教师给出的数学材料不感兴趣时，教师则会尊重幼儿的选择，鼓励他们去做自己感兴趣的事情；当幼儿理解不了数学概念时，教师会对自己的提问方式和提供的材料是否适宜进行反思，以期找到更适宜的提问方式和材料，当然如果以幼儿当前的水平他们实在无法理解，也不必强求。因为学习或者如何学习都是幼儿自己的权利，身为教师应当对幼儿的独特性和学习方式、发展水平表示尊重，这样才能够培养出有主见、有能力的未来公民。在华富幼儿园，教师关注的是幼儿的活动过程，重视的是幼儿的经验积累，注重的是幼儿在自主积累经验和建构知识的过程中思维的活跃度，以及独立、自主、创新、坚持等非智力因素。

（二）我们的教师观

1. 教师是儿童思维发展的引领者

儿童的知识来自他们与各种思想的互动，来自他们对事物的直接经验，同时也来自他们应用逻辑思维的过程中。儿童是主动的学习者，没有人能够代替儿童获取经验或建构知识，儿童必须通过自己的主动学习获取经验并建构知识。而教师就是儿童思维发展的引领者，教师的任务就是通过有目的、有计划地设计活动和创设学习环境，促进幼儿主动学习，培养幼儿独立思考的能力。教师的引领作用表现在适时地通过活动创设一个让幼儿发展自己认知能力的媒介，激发幼儿思考，引导幼儿运用已有经验来解决问题。一般有以下几个教学步骤：第一，为儿童提供一个真实的情境；第二，这个情境内部会产生一个真实的数学问题，作为思维的刺激物；第三，为儿童提供相应的操作材料，使之进行必要的探索，尝试解决问题的方法；第四，让儿童相互之间分享自己的操作结果，教师适时抛出问题挑战儿童的思维；第五，提供不同形式的操作材料，加深儿童对相同数学问题的理解。在对儿童进行数学教育，培养儿童的思维能力的过程中，教师要激发起儿童的求知欲，让儿童产生学习的愿望，使儿童自觉、自愿地去学习、去发展，从而得到最好的发展。

2. 教师是儿童精神家园的守护者

"大自然希望儿童在成人以前就要像儿童的样子。如果我们打乱了这个秩序，我们就会造成一些早熟的果实，它们长得既不丰满也不甜美，而且很快就会腐烂。"哲学家卢梭阐述了在人生的秩序中，童年有它独特的地位。儿童是天真的，他们的心灵纯净美好，然而现在很多成人却试图将成人社会的一些功利思想传染给儿童，这打破了本该属于他们的那个美好的童真世界。作为教师，有责任也有义务保护儿童，让他们不受此类社会风气影响，让那一双双天真无邪的眼睛看到的都是和谐社会的真善美，看到的都是世界充满爱和美好，看到的都是丰富多彩的游戏生活，看到的都是美丽的大自然赐给他们的雄奇与壮观，教师要保护儿童，让他们去享受有快乐游戏的童年，保护那颗童心让它宛若美玉一般纯洁无瑕。

3. 教师是儿童学习的陪伴者

杜威认为所有的学习都产生于相互作用。学习是一种相互作用的结果，是儿童、教师、生活经验之间的相互作用。学习的过程是师生共同学习、互相质疑、听取意见从而互相帮助实现共同发展的过程。在这一过程中，教师扮演陪伴者的角色，以一个平等的参加者和伙伴的身份与儿童交往，从而真正进入儿童的活动中，了解儿童，理解儿童。在华富幼儿园中，教师进行数学小组活动时，在抛给幼儿问题后，会给自己也准备一份材料以便和幼儿共同操作。这样做有两个目的，一方面，显示出教师和幼儿的平等地位，即教师不是教育者，只是活动的参与者，创造出更为民主宽松的氛围；另一方面，教师操作材料的过程，也是在为幼儿进行示范，幼儿可以参考教师的操作方式，当然也可以自己探索，这样做就是在对幼儿"行不言之教"。此外，教师在和幼儿一起操作时，也会对材料及幼儿的兴趣和能力更加熟悉，对幼儿的引导和之后活动的调整也会更有针对性。

（三）我们的课程观

1. 课程是儿童经验与学科知识的结合

关于课程，有学者认为课程就是"知识"或"学科"，认为课程的本质就是传授给儿童未来生活所必需的知识，并促进儿童心智的发展。它的价值在于为儿童未来生活提供充足的理性准备。有学者将课程视为学生在教师指导下所获得的经验或体验，这种课程观强调课程的本质是个体在学习过程中经验的获得及各方面能力的提升。前者的课程观容易导致教学忽略儿童的兴趣和主动性，教师和儿童容易沦为获得知识的工具，失去自身的主观能动性；后者的课程观虽然注重儿童的兴趣，但是容易使儿童学习的知识不够系统。回归本质的幼儿数学教育的课程将儿童经验与学科知识进行了有机结合，教师在设计一个数学活动时，会以数学关键经验为依托，即此活动最终是要让儿童掌握一个数学关键经验，同时会考虑儿童的前期经验和兴趣，即儿童的前期经验是什么，是否可以帮助他们理解这个概念，儿童的兴趣点是什么，材料形式和问题设置成什么样儿童会比较喜欢。这样的活动设计理念，一方面使得儿童对数学概念的掌握过程比较完整，并具有逻辑性，另一方面兼顾了儿童的兴趣点和前期经验，使得数学活动形式更活泼，儿童更喜欢。

2. 课程设计是一个高度灵活和开放的过程

杜威认为，目的不应该是预先规定的，而应该是教育经验的结果；目的是在过程中内在地决定的，而不是外在于过程的。课程生成的目的是教育过程之外的目的，具有灵活性；生长的目的强调生长的连续不断的过程，不是终极性的。回归本质的幼儿数学教育将教育、课程视为一个动态的高度灵活和开放的演进过程。诚然每节课是围绕一个数学关键经验进行的，教师会提出相应的问题，待幼儿去解答，但是解答的过程，教师是不做干预的。幼儿在操作过程中遇到的问题，或是闪现的灵光，教师会有针对性地加以指导，以挑战幼儿的思维，促进幼儿认知的发展。在这里，怎么学习，学习的侧重点在哪里，何时学习结束都依赖于幼儿、教师与材料之间不断的碰撞与协调，而不是由教师的预先设定来决定的。因此每组小组活动数学课程的内容都会有所不同，其不同和变化的依据就是每组幼儿不同的表现和反应，因为不会出现千篇一律的现象，其目的在于更为灵活地指导幼儿。

3. 课程以师生的交往为基础

回归本质的幼儿数学教育的课程在课程设计上坚持将幼儿作为活动的主体，教师以引导者、参与者、经验分享者的身份参与其中，构建幼儿与教师一起游戏、共同思考、相互分享的活动氛围，在良好的师幼互动中促进幼儿主动学习。活动中，教师与幼儿之间平等、对话的关系是幼儿的兴趣所在。这种关系主要表现为，幼儿是学习的主体，教师是幼儿学习的观察者、促进者、引导者和倾听者。教师不是要给幼儿灌输现成的知识，而是始终关注着幼儿的状态及活动的进展情况，适时地、自然地根据幼儿的兴趣和发展需求为他们提供各种媒介和帮助，创设问题情境，促进幼儿思考。教师会投入极大的热情和幼儿一起思考，一起操作材料解决问题。教师应相信幼儿有自己的理论，因此教师要学会倾听幼儿的声音，了解幼儿内在的想法，而不是急着抛出自己的理论或者纠正幼儿的"错误"，要做到真正意义上的平等交流。

第二节　回归本质的幼儿数学教育的特点及性质

一、回归本质的幼儿数学教育的特点

（一）充分发挥数学学科的智力价值

发挥数学学科的智力价值是回归本质的幼儿数学教育的重要任务。教学中充分发挥数学学科的智力价值，发挥数理逻辑在促进幼儿认知能力发展中的作用。即使数学学科知识与其他学科知识融合在了一起，我们也有清晰的数学教育活动目标和活动内容。首先，明确每次小组活动的认知目标，即教师通过组织每次小组活动，可以促进幼儿哪些认知能力的发展；其次，为幼儿的操作提供充分的时间和大量的机会，教师一般会将一半以上的时间留给幼儿来操作材料，并且幼儿往往会有两次操作材料的机会，其目的就在于给予幼儿自我建构知识的机会，引导幼儿在操作中学习；最后，有时教师也会在数学活动中增加一些其他学科的元素，但都是为了更好地促进幼儿的数学概念的建构及认知能力的发展，并不会喧宾夺主。

教师在教学的过程中会将注意力放在如何利用数学知识促进幼儿思维能力的发展上，不过分强调幼儿对数学知识的记忆。教学中要弱化对数学知识的传授和对教学结果的追求，保护幼儿对数学学习的兴趣，培养其思维的灵活性、独创性，锻炼幼儿初步的观察比较、分析综合、抽象概括、判断推理等逻辑思维能力和灵活运用数学知识的能力。

（二）围绕关键经验设计组织教学活动

关键经验是回归本质的幼儿数学教育设计组织活动的主要依据，是对幼儿数学学习与发展的重要经验的梳理，它是数学教育活动的框架与线索，也是评价教育教学质量的框架与线索。

数学是有关数形之间逻辑关系的科学，根据幼儿数学学习的特点我们了解到，数概念是幼儿最先掌握的，也是其他概念的核心基础，如形状、空间、时间等概念都是与认识和了解数量联系在一起的。因此，我们重点研究了数、量和数量关系中的关键经验，并将其他数学概念融入数概念中。这样的好处是让幼儿能够集中精力去发现、感知、抽象出相关的数概念，同时能够锻炼幼儿的思维能力，还能够培养幼儿举一反三的能力，在感知其他数学概念时运用抽象出数概念时使用的逻辑思维模式。

根据数学实践经验，我们梳理了以数概念为主的小班、中班、大班三个班级的关键经验，教师在熟记并深刻理解这些关键经验的基础上，设计并组织小组教学活动，提供区域操作材料等；观察幼儿活动情况，根据幼儿的现有经验，适时地支持幼儿，帮助他们提升已有的经验，产生新的经验。可以说，关键经验是教师设计和组织教学活动的依

据和核心，有了关键经验的支持，教师既可以兼顾幼儿的现有经验，又保证了数学教学的完整性和逻辑性，可以达到一举两得的效果。

（三）创设问题情境开展师幼互动学习

创设问题情境是回归本质的幼儿数学教育组织小组活动时的首要环节。它是指教师简明扼要地交代问题和任务，创设一个属于数学的、需要思考的问题情境，引导幼儿将注意力集中到问题本身上，引发他们思考。比如，大班活动"寻找密码"，教师创设的问题情境是"观察密码卡片，发现卡片上3个数之间的关系，如2和5合起来是7，等等"。在这个情境中，问题直指幼儿思维，对幼儿提出的挑战就是要尝试理解数与数之间的互补、互换关系。它是有别于游戏情境或生活化情境的，富有逻辑性，需要幼儿把更多的思想和精力放在思维的运用上。

师生围坐在一起就形成了一个互相学习、合作分享、运用数学知识解决问题的社会交往情境，幼儿在人际互动中，在与材料的互动中不断修正自己的观念，构建新的经验。我们的教师和幼儿一起操作，一起分享操作结果、讨论操作中出现的问题，其目的就在于打破传统师幼关系之间上级与下级、教育者与学习者的壁垒；让双方进行充分的讨论和交流，为幼儿营造一种更为宽松民主的学习探索氛围，让幼儿更为自在地表达自己的想法。在这个共同体中，教师和幼儿在理解、信任、交流、互动中，达成共识，增长智慧，体验生命，完善人格。

（四）善用留白式的教学艺术

留白式的教学是回归本质的幼儿数学教育所倡导的。"留白"是我国艺术作品创作中常用的一种手法，极具中国美学特征。"留白"一词指在书画艺术创作中，为使整个作品的画面、章法更为协调、精美而有意留下相应的空白，留下想象的空间。教学活动在设计原则上也遵守留白的原则，即教师只需设计好活动目标及基本的活动流程，待活动进行时，教师会提供给幼儿每人一份操作材料及本次活动要解决的问题，然后就由幼儿独自操作材料。随后根据幼儿现场的操作结果，教师结合本次活动的目标，适时地向幼儿提出问题，以挑战其思维，促进其进一步的思考。幼儿操作后，教师提出什么问题，进行哪些讨论完全是随机的，在活动前是不做预设的。这也是一种留白，教师完全根据现场的反应灵活应对。可以说，每组参与的幼儿不同，每组的问题和讨论的侧重点也会不同，这完全是一种个性化的教学方式。留白艺术在教学活动中的应用让教师更为灵活，更能够尊重幼儿的个性，是一种灵活又机动的教学方式。

回归本质的幼儿数学教育力图回归教育的本真，重拾数学教育的真谛，将数学作为一种媒介，关注幼儿对数学问题的解决和思考过程，主张用数学教育来促进幼儿认知能力的发展，增长幼儿的智慧，发展幼儿的能力，从而达到返璞归真的目的。

二、回归本质的幼儿数学教育的性质

（一）幼儿数学教育目标

1. 培养幼儿对数学活动的兴趣和良好的学习习惯

兴趣是最好的老师，在数学教育的启蒙阶段，尤其要注重对幼儿数学兴趣的培养，为幼儿一生的数学学习奠定良好的基础。首先，教师应采用问题探究和操作探索式的教学形式，引导幼儿积极思考、主动探索；其次，教师应选择适合幼儿学习的教学内容，既不要过于高于幼儿的发展水平，也不要过于简单，使得幼儿丧失探索的兴趣；最后，教师应注重保护幼儿的自尊心，鼓励幼儿大胆表达，不在乎结果的对错。此外，在培养幼儿学习数学的兴趣的同时，还应培养幼儿认真细致、有始有终、做事有条理、学会倾听、大胆探索等学习习惯，以便他们将来能更好地适应小学生活。

2. 激发幼儿思维的积极性，促进其认知能力发展

面对未来的儿童，幼儿教育需要随着时代发展而改变，从传统的以单纯教知识技能为重点转变为以在环境中学习和采用新的学习方法为重点，关注学习者获得知识和创造性运用知识的方式。在人的发展过程中认知能力的发展是核心，幼儿阶段也是如此。认知能力是指人脑加工、储存和提取信息的能力，即人们对事物的构成、性能、与他物的关系、发展的动力、发展方向及基本规律的把握能力。它是人们成功地完成某项活动最重要的心理条件。知觉、记忆、注意、思考和想象都是认知能力的要素。思维是认知的高级形式，是在感知和记忆的基础上，进行分析和思考，以进一步认识事物的本质和规律。

回归本质的数学教育一直将发展幼儿的思维能力作为教学的重点目标。教师会根据幼儿的实际情况，适时提出问题，用问题来带动幼儿思考，挑战幼儿的思维，激发幼儿思维的积极性；教师会鼓励幼儿从不同的角度来思考问题，从而促使幼儿思维更加敏捷和灵活。教师还会注重发展幼儿观察比较、抽象概括、判断推理等认知能力，在设计一节数学小组活动之前常会思考该活动发展了幼儿哪些认知能力。例如，小班发展幼儿点数能力的活动，不是简单地让幼儿数点卡上有多少个点，而是运用点卡接龙的形式，引导幼儿将排列形式不同但数字相同的点卡接在一起。在这个过程中，幼儿首先要从一堆点卡中找出有相同点数的点卡，观察比较，这样幼儿抽象概括出数字的能力就得到了锻炼；其次，幼儿还需要判断自己找的是否正确，判断能力也到了发展。因此，一节看似简单的数学活动不仅锻炼了幼儿数学方面的能力，同时也促进和提高了幼儿的认知能力。

3. 在感知和体验中理解并懂得粗浅的数学知识

传授简单的数学初步知识和技能是幼儿园智育的重要任务。幼儿可以感知的简单的数学初步知识主要包括：计数，10以内的数和10以内的数相互之间的关系，10以内的数的分解与组合，简单的几何形体，常见的量及空间方位和时间等简单知识。幼儿学习的数学技能主要有：对应、计数、分解与组合和自然测量等。国内外大量的实验表明，幼儿是具有接受简单的数学初步知识的能力的。教给幼儿简单的数学知识对幼儿来说是可以接受的，也可以帮助幼儿为进入小学做好准备。

（二）幼儿数学教育的内容

《幼儿园教育指导纲要（试行）》中明确指出了幼儿数学教育的内容与要求："引导幼儿对周围环境中的数、量、形、时间、空间等现象产生兴趣，建构初步的数概念，并学习用简单的数学方法解决生活和游戏中某些简单的问题。"《3—6岁儿童学习与发展指南》在数学认知方面也对幼儿提出了合理的期望："初步感知生活中数学的有用和有趣；感知和理解数、量及数量关系；感知形状与空间关系。"这些让我们明确了幼儿期进行数学教育的内容。

回归本质的幼儿数学教育是依照以上内容开展实践研究的。在总结多年来实践研究经验的基础上，我们发现，"数概念"是幼儿数学学习的核心。数学领域中的其他学习内容，如数量、图形、时间、空间、统计等，都可以与数概念学习进行融合。比如，在手口一致点数、数的分解与组合、运用加减的办法解决实际问题等内容中，教师选择的材料中就可能出现图形片、立方块等，这其中就包含了图形和空间的知识。数学学习可以促进幼儿思维能力的发展，教学中教师不能一味追求知识技能的掌握，教师应更多地关注活动中幼儿是如何通过思考获得解决问题的方法的，从而帮助幼儿进一步获得认知能力的发展。幼儿感知、体验数概念时所建立起的抽象思维模式，还可以运用到对其他数学知识的学习中。因此回归本质的幼儿数学教育的内容主要围绕"数概念"进行。我们梳理出了小班、中班、大班三个年龄段数学学习的关键经验。这些关键经验是回归本质的幼儿数学教育设计、组织活动的重要依据。

小班数学学习的关键经验

小班数学学习的关键经验主要集中在感知和理解数概念上。要想知道一组物体的数量就要进行计数，计数的过程就是把要数的各个物体与自然数列中从"1"开始的自然数建立起一一对应的关系。幼儿计数能力的发展顺序是：口头数数（唱数）→按物计数→说出总数→按物取数。

（1）进行唱数

唱数指没有动作及具体的被数对象，仅是口头上按顺序说出自然数。研究表明，幼儿唱数的数目大小与他们不同水平的数数技能和对数的理解都有关系，幼儿唱数数目越大，幼儿对数的理解就越好。幼儿进行有序的唱数学习，不仅可以帮助他们进行计数学习，更有利于其理解数系统的规则、理解数词的意义。

（2）手口一致地点数，并说出总数

手口一致地点数是指用手逐一指点物体，同时有顺序地说出数词，使说出的数词与手点的物体一一对应。手口一致地点数，需要幼儿做到手、眼、口、脑协同活动，这样才能达到手口一致、既不重复也不遗漏的要求。所以按物点数的难度大大超过了口头数数。

（3）感知物体的数量，用数字表示，能按数取物

幼儿对数的符号系统的掌握是幼儿从具体的数学思维向抽象的数学思维转化的标志。在幼儿正式学习数的符号系统之前，教师应先引导幼儿用点子等方式来表征数量。数量表征蕴含了幼儿对数量抽象意义的理解。

（4）比较物体的数量，并按物体的数量排序

数量的比较包括两个方面，即对具体的量的"多少"的比较与对抽象的数的"大小"的比较。幼儿在具体的量的水平上进行多少的比较，感受量的差异，是理解数的大小关系、发展心里数数必不可少的基础。所以，幼儿学习数量比较必须首先借助具体的物体进行量的比较，教师要引导幼儿在观察物体之间数量相等与不相等的过程中，逐步理解数及数与数之间的抽象关系，感知数的实际意义，也为他们下一步的学习积累经验。

中班数学学习的关键经验

中班数学学习的关键经验主要集中在感知和理解数与数之间的关系上。数量关系是幼儿数学学习中的核心因素。数量关系反映的是数学知识之间的内在联系及其规律性。幼儿对数量关系的感知一方面加深了幼儿对有关数量概念的理解，另一方面它要求幼儿具备相应的思维水平，从而促进了幼儿思维抽象能力和推理能力的发展。

（1）继续发展幼儿的计数能力和数概念

进入中班以后，教师仍要在活动中注重对幼儿计数能力的培养，以便帮助幼儿建立更为牢固的数概念。教师可以引入一些较为复杂的计数活动引导幼儿进行感知。比如，扩大计数对象的数量，让幼儿数排列顺序较为混乱的物体，感知和探索倒着数、接着数、按群计数等计数方法，以便加深幼儿对数的理解，为以后进一步的数学学习奠定基础。

（2）感知和认识自然数的基数意义与序数意义及两者的关系

任何一个数都具有基数意义和序数意义。一个数被用来表示物体的个数时，

叫作基数。基数通常表示为"几个",体现的是自然数量的抽象意义。序数是表示集合中元素次序的数,是用自然数表示事物排列的次序,回答的是"第几"的问题。理解序数的意义,即要能理解在一系列物体中,某一个是"第几"的问题。幼儿对基数意义的理解,可以为其序数学习奠定基础。幼儿对数量的感知,以及对数抽象意义的逐步理解一般是通过做数量分类和等量判断这些活动进行的,幼儿教师可以通过这些活动帮助幼儿一步步建构起他们对基数意义的理解。

(3)按大小、长短、高矮、粗细差异对物体进行排序

排序是一种复杂的比较,它需要幼儿能够连续比较和区分物体之间的差异,同时还需要协调物体之间的关系。引导幼儿进行排序活动,不仅可以加深其对量的认识,加深对不同的量的特征的感知,而且还有助于幼儿逻辑思维的发展。因此,教师应提供各种材料,引导幼儿在充分地看、摸、摆弄的过程中感知和比较物体量的特征。教师提供的材料应有利于幼儿进行比较,随着幼儿排序经验的丰富,被比较的物体间的差异可以缩小,以增加判别的难度。教师要善用提问策略,最大限度地激发幼儿思考,促进幼儿认知能力的发展。比如,在比较物体长短时,教师可以问:"你们是用什么办法知道它们的长短是不一样的呢?"由此启发幼儿思考。

大班数学学习的关键经验

大班数学学习的关键经验主要为感知、理解数与数之间的关系,运用"加"或"减"的办法来解决实际问题。大班幼儿的思维虽仍以具体形象思维为主,但已初步具有抽象逻辑思维的特征,他们能够通过推理解决一些简单的抽象问题。所谓"加",就是引导幼儿通过实物操作理解"把一个数与另一个数合起来,一共是多少",这就是"加";所谓"减",就是引导幼儿通过实物操作理解"从一个数里去掉一个数,还剩多少",这就是"减"。大班幼儿感知、理解数与数之间的关系有利于其将来进入小学进行数学学习,可为其幼小衔接做好准备。

(1)感知数的分解与组合,理解分解与组合中的等量、互补与互换关系

大班幼儿感知数的分解与组合的重点是领会分解与组合中抽象的数量关系,包括分解与组合中的等量、互补与互换关系。幼儿对数的组成所蕴含的数量关系的感知和理解需要建立在丰富的感性经验上,因此,幼儿首先要在操作中直接感知数量的分解与组合,积累分解与组合经验。待幼儿进行完分解与组合的操作活动之后,教师可利用幼儿的记录资料和感受体验帮助幼儿将分解与组合的感性经验进行整理、归纳,并提升为抽象的概念。

(2)能对物体和量进行等分,如二等分和四等分

数量等分是指一定数量的物体可以被分成几个相等的部分,是数量分解与组

合中的一种特殊情况。幼儿对数的分解与组合的理解，实质上是对数群概念的获得。教师可在幼儿积累的这些感性经验的基础上帮助幼儿进行能力提升。

（3）理解数与数之间的关系，运用"加"或"减"的办法来解决实际问题

运用"加"或"减"的办法来解决问题是幼儿园大班数学教育的一项重要内容。首先，教师要引导幼儿能够理解"加"和"减"的具体含义。教师可以通过生活实例帮助幼儿感知体验数量的变化。比如，晨间点名活动中，教师可以问幼儿班里有多少人，今天来了多少人，还有多少人没来；今天男生有多少没来，女生有多少没来，一共有多少人没来。其次，教师可以借助实物教具帮助幼儿理解"加"和"减"的含义，然后再引导幼儿运用"加"或"减"的办法来解决生活中的实际问题。例如，周日孩子与妈妈一起去超市购物，就可以问他买了什么，之前有多少钱，买东西花了多少钱，还剩下多少钱。启发幼儿结合自己的生活实际积累大量的数学经验，感受数学和日常生活密不可分的关系。

幼儿数学学习的关键经验是幼儿在这一年龄阶段可以获得的最基础、最关键的概念和能力。我们对幼儿数学学习与发展的重要经验进行梳理，所得到的是数学教育活动的框架与线索，也是评价教育教学质量的框架与线索。有了关键经验的支持，教师既可以兼顾幼儿的现有经验，又保证了数学教学的完整性和逻辑性，教师依据学习数学内容的关键经验设计数学活动，创设有意义的学习环境，幼儿在与环境中人和物的互动交流中，获取相关的数学经验，促进自身认知能力的发展。

（三）幼儿数学教育途径

在回归本质的幼儿数学教育的理念下，我们将幼儿数学教育融入课程的多种形式中，采取"四位一体"的方法实施幼儿数学教育，其中包括小组活动、区域活动、日常生活、主题活动，但基于数学学科的特点，我们以小组活动、区域活动为主要研究对象，辅以日常生活和主题活动，凸显幼儿与教师的双主体作用，引导幼儿通过直接感知、亲身操作和实际体验主动建构数学知识，同时教师帮助幼儿提升和发展抽象逻辑思维能力，并促进其认知能力的发展。

1. 在日常生活中有机渗透，引导幼儿感知数学与生活的关系

幼儿平时的生活就是最好的教育资源，幼儿在一日生活中随时可以接触、感知数学问题，教师也要善于捕捉幼儿的兴趣点，将这些兴趣与幼儿数学发展的核心经验相结合，使幼儿能够在日常生活中进行整体学习、多元感知，培养幼儿的学习习惯，激发他们的学习兴趣。

2. 在区域活动中自主建构，满足幼儿个别化学习需求

幼儿主要是通过直接感知、实际操作、亲身体验来积累经验的，尤其是数学学习，

幼儿需要充分的亲身体验和反复练习。幼儿在数学学习方面存在着个体差异，他们的学习速度、方法、水平都有所不同，为此我们在教室中专门设置了"数学区"，提供与增加数学学习经验有关的区域材料，以满足幼儿的个别化学习需要。同时我们也注意在其他区域材料中渗透、融合数学学习元素，为幼儿的主动学习、多元感知、操作练习提供机会和空间。

3. 在小组活动中交流提升，促进幼儿高品质思维发展

小组活动是开展幼儿园教育活动的形式之一，既可防止教学中以"教师为中心"忽视幼儿主体地位，又避免了以"幼儿为中心"教师失去主导作用。因此，我们仍然保留了小组活动，并将它作为"四位一体"实施方法中的重要组织形式之一。数学小组活动中每个小组一般有6~8人，活动时间教师会根据幼儿当时的学习互动情况来设定，也会随时调整，活动中根据幼儿操作情况允许幼儿提前离开或结束活动。

4. 在主题探究中实践运用，整合幼儿的多种能力

主题探究活动是一种综合性的课程组织形式，能让幼儿在最自然、最日常的生活情境中进行愉快的探索学习。数学是一种应用工具，鼓励幼儿学习用数学的方法解决日常生活中遇到的问题，可以帮助幼儿养成对数学问题的敏感性。因此将幼儿数学活动与主题探究活动融合，可以为幼儿提供运用数学经验的机会，发挥主题整合性学习的效应，从而激发幼儿进行持续探究学习的热情，发展幼儿初步的探究能力，帮助他们养成受益终身的学习态度和能力。

在回归本质的幼儿数学教育的实践中，教师在教学过程中将注意力放在了如何利用数学知识去促进幼儿思维能力的发展上，不会过分强调幼儿对数学知识的记忆，并且弱化了对数学知识的传授和对教学结果的追求，以保护幼儿对数学学习的兴趣，培养其思考的独立性，锻炼幼儿的逻辑思维能力。

同时要特别强调的是教师不对幼儿的行为做出评价。因为每位幼儿都是独特的，有各自的认知特点，即使这个数学知识今天幼儿没有学会，但是不代表明天幼儿就不能掌握，幼儿思维的活跃度，以及对数学的兴趣才是教师真正要关注的。教师的评价更多是针对自己的教学行为的，以及在此基础上的反思和调整，如材料的提供是否适宜，对幼儿的解读是否正确，问题的创设是否合理，以便为幼儿的学习和探索创造更好的心理环境和物理环境。教学中要注重过程的体验，弱化对行为好坏的评价，呵护幼儿的自信心，使幼儿更为真实地表现自己，成为一个独立自主、自信真诚的人。

第三章 回归本质的幼儿数学教育的组织实施

第一节 回归本质的幼儿数学教育的组织形式

一、如何制订教学计划

制订切实可行的数学教育计划是落实和发展幼儿数学能力的基础，它展现了教师对幼儿学习过程和学习资源所做的系统思考。在进行传统的数学教育计划的制订时，教学方法多数是指向集体活动的，强调教师"教"的方法，忽略幼儿"学"的过程。回归本质的幼儿数学教育在制订计划时，打破了以往分科教学过分追求其本身学科特点的局限性，从幼儿已有经验出发，围绕数学学习的关键经验，选择适宜的形式开展数学教育活动，既突出了数学教育的思维特点，也考虑到了幼儿整体的学习需要。

（一）制订数学教学计划的依据

1. 依据关键经验

《3—6岁儿童学习与发展指南》中介绍的数学认知领域包括数概念、空间感、分类、模式、解决问题等。在回归本质的幼儿数学教育中，教师研究的重点是数概念，并将其他方面的概念与之融合进行教学。教师在选择内容、制订教学计划时必须牢记各年龄段幼儿的关键经验，这样既保证了幼儿在感知一个数学概念时了解其前后的逻辑关系，进而发展逻辑思维，也使教师可以准确把握幼儿的学习轨迹，开展有效教学。（表3-1-1）

表3-1-1 各年龄班幼儿的关键经验

年龄班	小班	中班	大班
关键经验	（1）进行唱数 （2）手口一致地点数，并说出总数 （3）感知物体的数量，学习用数字表示，能按数取物 （4）比较物体的数量，并按物体的数量排序	（1）继续发展计数能力和数概念 （2）感知和认识自然数的基数意义与序数意义及两者的关系 （3）按大小、长短、高矮、粗细差异对物体进行排序	（1）感知数的分解与组合，理解分解与组合中的等量、互补及互换关系 （2）能对物体和量进行等分，如二等分和四等分 （3）理解数与数之间的关系，运用"加"或"减"的办法来解决实际问题

2. 依据幼儿已有经验

幼儿在数概念发展方面存在着年龄差异和个体差异，教师在制订计划时首先要考虑幼儿年龄阶段的差异。关键经验介绍了小班、中班、大班各年龄班幼儿数概念掌握的规律。其次，要考虑幼儿的个体差异。相同的学习内容，每个班级的幼儿在数学前期经验、学习方式、学习速度方面都有差异。因此教师在制订教学计划时不能简单地照搬关键经验，而要根据班级幼儿的实际情况做出调整。

3. 依据现有学习资源

以往的教学计划大多针对的是集体教学活动，在回归本质的幼儿数学教育中，教师在制订计划时要进行系统思考，利用现有的学习资源、环境资源，将数学教育与整体课程进行融合，与多种活动形式进行整合。既要突出数学学科的特点，又要满足幼儿多种感知、整体学习的要求。比如，小班的计数活动，其目的在于提高幼儿的计数能力，巩固幼儿对数概念的理解。在活动形式上，教师需要思考哪些活动可以采用小组活动的形式，可以提升幼儿的逻辑思维能力；哪些经验幼儿可以通过对材料进行反复操作来获得；哪些经验可以在一日生活中进行随机的渗透与延伸。在学习资源上，需要考虑目前幼儿的学习生活经验是什么，正在开展的主题活动或话题活动是什么，如何将数学关键经验与当前的学习进行整合。

（二）制订数学教学计划需要注意的内容

1. 以幼儿为主体原则

以幼儿为主体就是教师在制订计划时要充分体现"幼儿在前，教师在后"的理念，尊重幼儿，尊重个体的学习方式、学习速度和发展水平。首先，教学计划是依据幼儿的发展速度而不是教师的课程进度而制订的，避免追计划、赶进度，避免让幼儿在同一时间、同一情境下学习同一内容。制订计划前要以幼儿的生活经验、学习经验、发展经验为基础；活动中，要关注幼儿对内容的反馈，并灵活地做出回应；活动后，及时对计划做出反思和调整，以适应幼儿的学习与发展需要。教学中应使数学学习成为一次探索的过程，要关注幼儿逻辑思维的发展，而不是为了完成一项作业，得到一个标准答案。其次，避免"一刀切"地执行计划，平行班之间根据各班幼儿的发展情况可以对计划做出适当调整。每个班的幼儿也存在个别差异，允许幼儿选择适合自己的方式落实学习计划。

2. 对计划进行深度反思并适时做出调整

回归本质的幼儿数学教育不主张教师对幼儿的行为做出评价，因为每位幼儿都有他的独特性和他对知识的理解，即使这个数学知识今天幼儿没有学会但是不代表明天就不能掌握，幼儿思维的活跃度，以及对数学的兴趣才是教师要真正关注的。教师的评价要针对预设的教学计划、现场的教学行为，要针对实际情况对计划进行深度反思并适时做出调整。例如，对材料进行反思，思考计划中提供的材料是否符合幼儿的关键经验，是否利于幼儿操作，是否便于幼儿建立数学概念。又如，教师对幼儿的解读是否正确，创设的问题情境是否合理，选择的学习方式是否与幼儿生活有自然的联系，如何为幼儿的学习和探索创造更好的心理环境和物理环境等，这些反思将成为下一次教师制订计划的基础。

3. 共享集体备课

为有效利用教师时间，实现资源共享，我们制订教学计划时一般采用集体备课的方式，分为四个步骤。第一步，集体反思。依据"幼儿学习与发展反思记录表（数学）"中的各年龄段幼儿发展目标，分年级组对班级幼儿前段时间的学习情况进行反思，寻找幼儿的兴趣点和学习薄弱环节（表3-1-2）。第二步，依据关键经验确定计划内容。如果大部分幼儿对上一个关键经验已经理解，就可以继续下一个关键经验的活动；反之，可以继续上一个内容或采用其他形式复习、巩固上一个学习内容，经过系统思考制订出的"幼儿园月计划表"（表3-1-3），帮助教师将数学学习与幼儿下个月的整体学习一起来规划，有效统筹现有教育资源，进行环境创设等。第三步，选择合适的材料。在计划好下个月的新内容后，选择适合幼儿的操作材料、小组活动材料、日常生活学习材料，或与主题活动融合的材料。第四步，进行实施后的反思。教师完成每日教学活动后填写"教师每日活动后的反思表"（表3-1-4），对当天的活动情况进行及时的反思，记录幼儿的活动情况、材料使用情况、教学计划完成情况，以及反思调整建议，以便下次集体备课时与同伴分享，找出规律性问题。（图3-1-1）

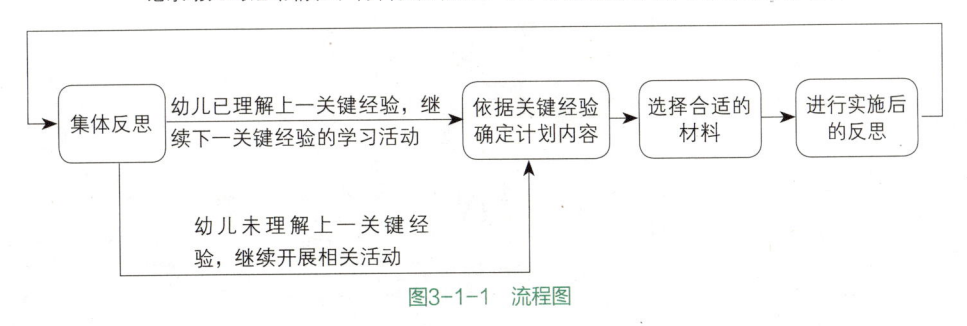

图3-1-1 流程图

集体备课减少了教师制订计划时的随意性，有助于教师对于学习内容进行系统思考，将教育目标聚焦在幼儿逻辑思维能力和认识能力的培养上。同时制订计划的过程可以增强教师的行动研究能力，经过反思、分享、讨论，集体备课可以成为研究幼儿、研究材料、研究教学行为，提升教师专业能力的最有效的方式。

表3-1-2　中班幼儿学习与发展反思记录表（数学）

学习领域的目标	《3—6岁儿童学习与发展指南》		观察到的幼儿现有表现	期望幼儿进一步的学习、发展
	目标	典型表现		
➢喜欢观察，乐于动手、动脑发现和解决问题 ➢理解生活中的简单数学关系，能用简单的分类、比较、推理等探索事物 ➢愿意与同伴共同探究，能用适合的方式表达各自的发现，并相互交流	初步感知生活中数学的有用和有趣	➢在指导下，感知和体会有些事物可以用形状来描述 ➢在指导下，感知和体会有些事物可以用数来描述，对环境中各种数字的含义有进一步探究的兴趣		
	感知和理解数、量及数量关系	➢能感知和区分物体的粗细、厚薄、轻重等量方面的特点，并能用相应的词语描述 ➢能通过数数比较两组物体的多少 ➢能通过实际操作理解数与数之间的关系，如5比4多1，2和3合在一起是5 ➢会用数词描述事物的排列顺序和位置		
	感知形状与空间关系	➢能感知物体的形体结构特征，能画出或拼搭出该物体的造型 ➢能感知和发现常见几何图形的基本特征，并能进行分类 ➢能使用上下、前后、里外、中间、旁边等方位词描述物体的位置和运动方向		

表3-1-3　幼儿园月计划表

班级：　　　　教师：　　　　日期：

教育途径		计划内容与安排
自由游戏	室内游戏	
	户外游戏	

续表

教育途径		计划内容与安排				
	领域	第一周	第二周	第三周	第四周	第五周
集体教学	健康					
	语言					
	科学					
	社会					
	艺术					
专题研习						
日常生活	健康安全					
	过渡环节					
	行为习惯					

表3-1-4　教师每日活动后的反思表

班级：　　　　教师：　　　　　　年　　月　　日

教育途径		内容安排及反思
自由游戏	室内游戏	评估积木、角色、美工、阅读、操作、音乐等区域的游戏，提供适宜的材料
		反思：
	户外游戏	依幼儿投掷、攀爬、跑跳、骑车、钻爬等基本动作发展情况，适宜调整运动器械和材料
		反思：
集体教学		活动后反思（教师根据幼儿的需要、表现，调整方法、步骤）：
专题研习		评估幼儿专题研习过程中的需要，提供支持性的帮助（材料、经验等）
日常生活		评估日常活动中幼儿的表现、需要，提出指导或引导的方法、途径
	健康安全	
	过渡环节	
	行为习惯	

二、一日生活中数学教育活动的安排

（一）一日生活中数学活动安排表

当教师制订好数学教育计划之后，就要将计划落实到每天的教学活动中，这是回归本质的幼儿数学教育理念落实为教育行为的重要一环。教师一般会选择一周中某一天上午的"自由游戏"时间，同步开展数学小组活动，每次活动6~8人参加，幼儿轮流参加，活动时间15分钟左右，具体可根据幼儿的接受程度而定。如果"自由游戏"时间不够，不能让幼儿都参与活动，可以利用下午的"游戏活动"时间或第二天的"自由游戏"时间继续进行小组活动，保证每位幼儿都能与教师有一次集体讨论数学的机会。教室中有专门的数学区域，包含了依据幼儿数学学习的关键经验提供的丰富的操作材料，幼儿在每天的"自由游戏"时间，可以自由选择进入区域操作材料，自主建构数学经验。（表3-1-5）

表3-1-5　中班、大班幼儿一日活动安排表

时间	内容	可进行的数学活动
7：45—8：00	幼儿入园	如计数、对应、排序类活动
8：00—8：40	早餐、餐后活动	如计数、对应类活动
8：40—10：00	自由游戏	如数学小组活动、数学区域游戏
10：00—11：30	户外活动	如唱数、点数、对应等活动
11：30—12：00	午餐	如计数、对应类活动
12：00—14：30	午睡	
14：30—15：30	户外活动	如唱数、点数、对应等活动
15：30—15：50	午点	如计数、对应类活动
15：50—17：00	游戏活动	如数学区域游戏
17：00	幼儿离园	

（二）一日生活中安排数学活动需要注意的问题

1. 每次活动时间不宜太长

回归本质的幼儿数学教育提倡培养幼儿的数学学习兴趣，因此让幼儿想学、愿意学、主动学习数学是最重要的。所以，每次数学小组活动的时间不宜过长，如果幼儿不能在活动中理解数学概念，不要勉强他一定掌握，应允许他先离开。对于能力强的幼儿，如果他很快完成了任务，也可以提前离开去做他喜欢的事情。

2. 注意教师组织与幼儿自主学习的比例分配

一日生活中，应以幼儿自主探索学习、主动建构经验为主，教师组织小组教学为辅。教师要把控好时间比例，尽量不要通过小组教学控制幼儿学习时间。在一周的学习

中，只用一天的时间进行数学方面的学习，不要影响幼儿其他方面的学习与感知。

3. 关注幼儿行为习惯，注重常规培养和社会性发展

在回归本质的幼儿数学教育中，尽管教师给予了幼儿一定的自由，但是并不意味着幼儿不需要遵守活动中该有的秩序。比如，在小组活动中要培养幼儿学会倾听、学会等待，遵从教师一定的要求。一般小组活动与自由游戏是同步进行的，这就要求幼儿遵守规则，轮流参与，不影响他人活动等。这对幼儿养成良好的行为习惯，培养自控能力，以及将来适应小学生活都具有重要的意义。

第二节 小组数学活动的组织

一、小组活动中幼儿数学学习的特点

1. 注重操作感知

回归本质的幼儿数学教育的小组活动中，教师为幼儿提供了大量的操作材料和自主建构知识的机会。教师以"做"为出发点，在"做"中教，引导幼儿在"做"中学，在"做"中求进步，满足了幼儿的求知欲，启迪了幼儿的智慧。每次小组活动，教师都会根据活动目标预设一个问题情境，然后给予幼儿解决问题所需要的操作材料，让幼儿独立操作，自主建构数学概念并解决问题。随后教师根据幼儿操作的结果，运用提问等方式挑战幼儿的思维，增进幼儿对数学概念的理解。总之，每次小组活动都会经历一个"提出问题—操作材料—归纳总结—再次操作"的过程。教师自己也和幼儿一样操作材料，寻找解决问题的方法，成为学习中的一员，和幼儿共同学习。

2. 注重合作交流

在以往的小组活动中，教师的注意力更多放在幼儿的独立操作上，教师对集体间的交流与倾听并不重视，看上去更像是区角活动，幼儿并不关心自己同伴的操作结果，这样也不利于幼儿良好习惯和集体意识的培养。小组活动中幼儿的人数较少，幼儿在教师与同伴面前表现自己的机会增多，这使幼儿，特别是胆小、能力较弱的幼儿有了更多的机会在教师的帮助下去探索外界和挑战自我，其自信心和价值感也会得到提升。此外，在小组活动中幼儿与教师及其同伴交往和合作的频率会增加，教师可利用小组活动这一形式积极组织、引导幼儿讨论问题，分享操作结果，鼓励幼儿间相互学习。

3. 注重思维品质

回归本质的幼儿数学教育的活动目标中没有给出较为明确的活动结果，活动目标与其说是对活动结果的预设，不如说是对活动方向的预设。这样做的目的就在于给幼儿学习创造一个弹性的空间，不限制幼儿的思维和表现，也不以幼儿是否达到活动结果的要求而

作为评价活动是否成功的标准，教师更看重的是幼儿在过程中思维能力的运用、认知能力的发展。例如，大班活动"图形关系"的活动目标为：①感知图形之间的关系；②体验图形的不同拼接方法；③建立分合的概念。这当中并没有介绍明确的操作结果，更多的是关注幼儿在通过操作理解图形关系中运用了哪些思维品质，是否调动了已有知识经验参与讨论、发表自己的见解，是否运用了分类、判断、推理来提升自己的经验，形成自己独特的思维。同时，我们秉承民主自由的教育理念，设置小组活动的目标时多从数学关键经验与能力这方面入手，并努力让幼儿在实际操作中有开心、快乐、愉悦等积极的情绪、情感体验。

二、小组活动中幼儿数学学习材料的提供

1. 从关键经验出发选材

一般来说，教师会依据幼儿对关键经验的掌握情况来选择是否需要采用小组活动的方式来帮助幼儿巩固、提升数学经验。有时教师也需要创设一个问题情境并与幼儿共同讨论问题的解决方法，从而了解幼儿对这一关键经验的掌握情况，进而根据情况引导幼儿进行这方面内容的学习。因此在小组活动中教师是带有目的性和任务性的。教师所选择的操作材料一定是与小组活动要讨论的关键经验一致的，并带有明显的操作学习性。（图3-2-1、图3-2-2）

图3-2-1 分类小组活动材料　　图3-2-2 计数小组活动材料

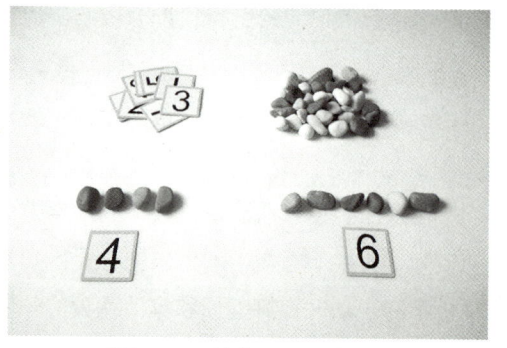

2. 依据幼儿年龄阶段的特点选材

幼儿期思维发展的趋势是从直觉行动思维向具体形象思维发展，幼儿的抽象逻辑思维尚处于萌芽状态。幼儿学习数学、建立数学知识结构可以分为四个阶段，"实物操作—语言表达—图像把握—符号把握"。比如，小班幼儿进行两组序列的排序，第一次观察材料时（图3-2-3），幼儿很难发现两组序列，小熊身上的衣服也不易辨别，这给幼儿操作带来了较大困扰。调整后（图3-2-4），大熊配大球，小熊配小球，材料的辨识性更强，两组序列

的概念也更清晰了，这符合小班幼儿的认知发展水平，同时也方便他们在桌面上操作。

图3-2-3　小班排序活动材料（调整前）　　　　图3-2-4　小班排序活动材料（调整后）

3. 从操作时的安全性和方便性出发选材

教师选取小组操作材料时大多会选取自然物或真实的物品，但对物品的选取不能过于随意。比如，中班幼儿感知数序之间的关系时，教师第一次选取了班级里的雪花积木作为操作材料，结果积木太大、太多，颜色又多是随机的，幼儿之间会互相干扰。第二次教师给每人提供了不同颜色的小雪花片，但因为雪花片容易在桌上移动，所以操作不方便。第三次教师选择用小立方块。这样既能清楚地看到数与数之间的关系，也便于幼儿独立操作和相互分享。操作材料的选取也反映出了教师对幼儿学习情况的认识和对自身教学行为的反思与研究。

三、小组活动中幼儿数学学习指导方法

1. 围绕关键经验设计与组织教学活动

教师会依托关键经验，将关键经验和幼儿的前期经验加以结合，即观察幼儿的前期经验与相应关键经验之间的差距，在幼儿的"最近发展区"内设计相应的教学活动，以便增进幼儿对该年龄段所应该掌握的关键经验的理解。在具体的活动实施中，教师更是围绕着关键经验来开展活动的。比如，活动"图形找家"，其活动的关键经验是引导幼儿感知分类，"把一组物体中特征一样的放在一起"，教师在活动开始时就创造了一个问题情境——"你认为哪些图形片是一样的？现在请开始分一分吧"，并发放给幼儿分类框和图形片。随后幼儿自己选择一种标准进行分类，或是按照形状分类，或是按照大小、颜色分类。接着教师结合幼儿的操作结果，引导幼儿思考："为什么要把这些分在一起？"如果幼儿没有统一的分类标准，就可以问幼儿："这个（图形片）和它们是不是一样的，为什么没有放在一起呢？"整个活动的设计和实施都是围绕关键经验进行的，关键经验给我们教育活动的设计与实施提供了一种指导的依据。在关键经验的支撑下，教师可以很好地观察幼儿，评估他们的发展水平。教师越是熟悉关键经验，对幼儿的发

展水平就越为了解，在实际教学中就知道如何适时地引导、如何恰到好处地提问，来促进幼儿思维的发展，这也增加了教师的专业自信心。

2. 创设问题情境，促进幼儿深层次思考

小组活动中的问题可以分成两类，一类是小组活动中的任务性问题，另一类是针对幼儿的操作结果而提出的问题。前者与该活动的目标紧密相关，是幼儿这节课所要解决的核心问题，教师在活动前就已经预设好了，对于全班幼儿来说该问题是一致的。后者围绕幼儿的操作结果来展开，以激发幼儿思考和理解关键经验为目的。教师在活动开始前会简明扼要的交代问题和任务，创设一个属于数学的、需要思考的问题情境，使幼儿的注意力集中到问题本身上，引发他们思考。根据幼儿的操作情况，教师再通过提问为幼儿的学习提供"支架"。比如，以小组活动"快乐拼插"为例，活动的关键经验是感知自然数序中相邻两数之间差1的关系，活动中教师为幼儿提供的操作材料是积木粒，活动首先复习点数对应，即根据数字卡片拼出对应数量的数棒，随后尝试将数字卡片按照数量的多少排序，并在排序过程中观察、感知自然数序中相邻两数之间差1的关系。在操作中，教师为了引发幼儿思考，提出了一系列问题。

※ "将拼插好的数棒排一排，应该怎么排？"

其目的在于：引导幼儿通过观察比较，感受数与数之间相差的是1。

※ "4（数棒）为什么排在5（数棒）的前面？"

"6（数棒）为什么排在5（数棒）的后面？"

其目的在于：引导幼儿进行更直观地比较，感受两数之间差1的关系。

※ "我拿走的是几？它应该放在哪儿？为什么？"

其目的在于：引导幼儿通过思考发现相邻两数的数差关系。

这些问题都是根据幼儿的表现随机提出的，并不是教师预设好的，提问的目的就在于引发幼儿思考，使其进一步理解关键经验。

在问题设置方面，教师要注意：

第一，问题的设置要言简意赅。要用最短的语言将最核心的任务描绘出来，避免重复和啰唆。

第二，问题要围绕关键经验展开。第二类问题由于是教师随机提出的，对教师教学水平的要求也是较高的，教师要在了解幼儿的基础上，适时为幼儿搭好"支架"，进一步加深幼儿对关键经验的理解。这就要求教师一方面要对幼儿目前所处的数学水平有所了解，另一方面也要对本次活动的关键经验有深入的理解。

第三，问题的指向性要明显。教师的提问根据开放性程度可以分为封闭性问题和开放性问题。封闭性问题的指向性较为明显，幼儿只需要回答是或者否即可，如果在一节课中过多地使用封闭性问题，那么势必会限制幼儿思维的活跃性。开放性问题给予幼儿的思考空间较多，但如果问题提得过于宽泛，也会让幼儿有种"丈二和尚摸不到头脑"的感觉，于是他们只好天马行空地畅想起来，表面上看幼儿踊跃发言，积极思考，但实则偏离了本次活动的目标。教师在用提问推进幼儿思考时需要将问题与幼儿的操作情况相结合。比如，在中班的"快乐拼插"小组活动中，教师在幼儿把数棒按顺序排列好后，就问幼儿："你发现了什么？"因为问题较为笼统，幼儿的回答就比较天马行空，于是教师立即调整了自己的问题："4（数棒）为什么排在5（数棒）的前面？"将问题锁定在两个数棒的关系上，幼儿的回答也就更有针对性了。因此教师问题的设置指向性要明显，这样才能更好地辅助幼儿的学习与操作。

随着实践的深入，我们对游戏化教学在幼儿数学学习中的运用有了更明确的认识。幼儿是否在活动中感到开心、快乐、愉悦，这是我们要关注的一个方面，但教学不能停留在只追求表面形式上的热闹与花俏上，而应关注幼儿是否得到了操作上的满足，并在思维火花碰撞后是否有喜悦感与成就感。所谓在游戏中学习，就是要思考活动的气氛是否宽松自在，幼儿是否有投入的操作体验，幼儿是否真正地对问题进行了思考。所以教师的问题、提供的材料，以及互动话题都应该能引发幼儿进行深层次的思考，秉承民主自由的教育理念，教学要为幼儿带来积极的情绪体验。

3. 预留生成空间，开展有效性教学

教师在小组活动过程中如何处理好预设与生成的关系是有效性教学始终研究的主题。我们开展幼儿数学学习小组活动，并在"观察—实践—反思"的过程中积累了一些经验。下面以大班的"感知图形关系"为例来说明我们在预留生成空间方面的思考。

案例：活动"感知图形关系"

学习目标：

1. 感知图形之间的分合关系。

2. 体验图形的不同拼接方法。

活动准备：已分割好的各种图形；正方形的纸；剪刀。

活动过程：

1. 出示各种图形，并提出问题："这里有各种图形，请用自己选择的图形拼成一个长方形。"

2. 拼图形。

（1）用各种图形进行长方形的拼接，自由地进行体验、探索。

（2）师幼共同分享拼接的方法：你是用什么图形拼接成长方形的？

3. 分图形。

（1）出示一张正方形的纸，提出任务：这是一张正方形的纸，请用自己的方法把它剪成其他的任何形状，剪成的形状还需要重新拼接成正方形。

（2）运用折叠、剪等辅助方法进行操作。

（3）大家相互分享用正方形剪成的图形。

4. 自由进区活动。

从该活动案例中可以看出，教师的预设非常简单，主要有学习目标、活动材料，以及连贯全活动的三个问题——"这里有各种图形，请用自己选择的图形拼成一个长方形。""你是用什么图形拼接成长方形的？""这是一张正方形的纸，请用自己的方法把它剪成其他的任何形状，剪成的形状还需要重新拼接成正方形。"教师简化的预设给幼儿留下了充分的生成空间。在弱化教师预设的基础上，幼儿的表现往往会出乎教师预料，展示出自己思维的独特性。在活动中，幼儿用了很多不同的方法来拼长方形，而且拼出了很多不同的形状。

在回归本质的幼儿数学教育的活动中，什么样的生成是最有价值的呢？如果幼儿在一节活动中，其思维比较活跃，能够积极努力地去探索问题和解决问题，那么这节活动就是有价值的活动。比如，小班的"排排乐"活动，该活动中教师的预设对于小班下学期的幼儿来说有一定的难度。活动中教师提供的是用瓶盖表示的从1到3排列好的数序，教师希望幼儿能够识别出其中的规律，然后用瓶盖排列出后面两列数序，即4和5。尽管每个小组的7名幼儿中只有1到2名幼儿能够完成，但是幼儿对这个活动都表现出了极大的兴趣，有的按照图形对称的规律，在后面排出了3，2，1；有的模仿前面1，2，3的规律，在后面也随之排出了1，2，3，这其中暗含的是模式的规律；有的在后面排出了3，3，3，这样一模一样的数列。尽管这些规律并不是教师预设的，但却是幼儿自己探索出来的，从广义的角度来看也可以说是一种规律，只是教师和幼儿所站的角度不同。教师面对幼儿所排列出的不同结果，并没有去评价谁的对谁的错，而是让幼儿各自分享自己的想法。尽管达到教师预期的幼儿不多，但是教师给幼儿创造了较大的思维空间，幼儿在探索时也表现出了极大的兴趣，最后的探索结果也包含了幼儿自身的想法，那么该活动就是成功的、有价值的活动。

我们进行小组活动预设时，教师只预设该活动的目标、材料及主要操作步骤，生成时教师关注的也是幼儿思维的发展和对数学活动的兴趣，而不仅仅是是否达到了活动目标。这种精简的预设，以及关注过程的生成带给幼儿的是学习的自由与轻松，探索空间的广阔与充分，以及思维的灵ystematic与活跃，这样做提升了幼儿学习数学的兴趣，也有助于提升幼儿的认知能力。

4. 构建民主的师幼关系和幼儿一起学习

在进行小组活动时，师生围坐在一起形成了一个互相学习、合作分享、共同讨论数学问题的社会交往情境。教师将自己视为活动中的一员，在活动中将自己的地位更多地认同为活动的参与者及协作者，待发放完材料并提出活动问题后，教师是与幼儿一起操作的。分享的时候，教师也是按照分享的顺序进行分享的，这样就构建起了自由、民主、平等的师幼关系。这样一方面可以创造一种轻松愉快的氛围，师幼之间是平等协作的关系；另一方面教师的操作也会对幼儿起到一定的示范作用。我们并不担心教师事先示范，会让幼儿养成惰性，即自己不思考就照搬教师的操作。事实证明，幼儿拿到材料后多是自己进行操作与探索，即使有人模仿教师，也不是百分之百地完全复制，而是模仿教师操作的方法。《幼儿园教育指导纲要(试行)》指出，教师应成为幼儿学习活动的支持者、合作者、引导者。在我们的小组活动中，教师在努力地去诠释这一理念。同时教师也积极发挥主导作用，组织幼儿讨论、交流探索结果，帮助幼儿在前期操作经验的基础上理解相关数学概念。这时教师的角色是多元的，在预设与生成之间教师运用自己的教育智慧给幼儿适时的帮助与支持。

第三节 区域中数学活动的组织

一、区域活动中幼儿数学学习的特点

1. 个别化学习

每个班级都有一个数学区，设置在班级中较为安静的、半封闭的空间内，以便为幼儿提供较好的进行操作和探索的物质环境。幼儿自由选择数学操作材料，以自主探索为主，幼儿在轻松愉快的环境中按自己的意愿自主选择活动内容、活动形式和活动伙伴，并按自己的学习方式、学习速度去操作实践。

2. 在多个活动区域中学习

幼儿在与材料互动时会综合地运用已有知识经验。所以，我们可以利用教室中划分的不同学习区域来帮助幼儿进行数学学习，通过教师提供的具有多元性、融合性、渗透性的区域材料，帮助幼儿在真实情境中学会思考数学问题或运用已有数学经验来解决问题。例如，我们可以在美工区投放各种颜色的图形片，幼儿可以通过观察、粘贴、做造型等探索方式，积累有关空间方位、点数、排序等数学核心经验，这些操作也可以促进他们感知觉、记忆等认知能力的发展。又如，在语言区可以将幼儿喜欢阅读的绘本《爱吃水果的牛》与数学关键经验排序、序数、感知高矮等进行整合，同时发展幼儿的想象、对比能力。在熟悉的故事内容和熟悉的画面前，幼儿自然会产生主动学习数学的意愿。

二、区域活动中幼儿数学学习材料的提供

1. 围绕关键经验设计材料

幼儿数学学习的关键经验是幼儿在这一年龄阶段可以获得的最基础、最关键的概念和能力。这既是投放操作材料的依据，也是教师观察、了解幼儿学习与发展水平的拐杖，更

是教师抓住教育契机、展开师幼互动、支持幼儿学习的依据。围绕幼儿数学学习的关键经验设计材料，能够帮助教师比较准确的把握幼儿数学学习轨迹，有序地提供材料，避免让幼儿超前学习或缺乏挑战；能够帮助教师更有针对性的预设材料内容与玩法，避免为追求操作结果，而忽视过程中幼儿的体验和感受；同时还可以作为教师与幼儿互动时的依据。

例如，小班计数材料，小班幼儿在掌握计数概念时，一般要经历"口头数数（唱数）→按物计数→说出总数→按物取数"这样的过程，教师由此依据关键经验的发展顺序来设计相应的操作材料。（图3-3-1）

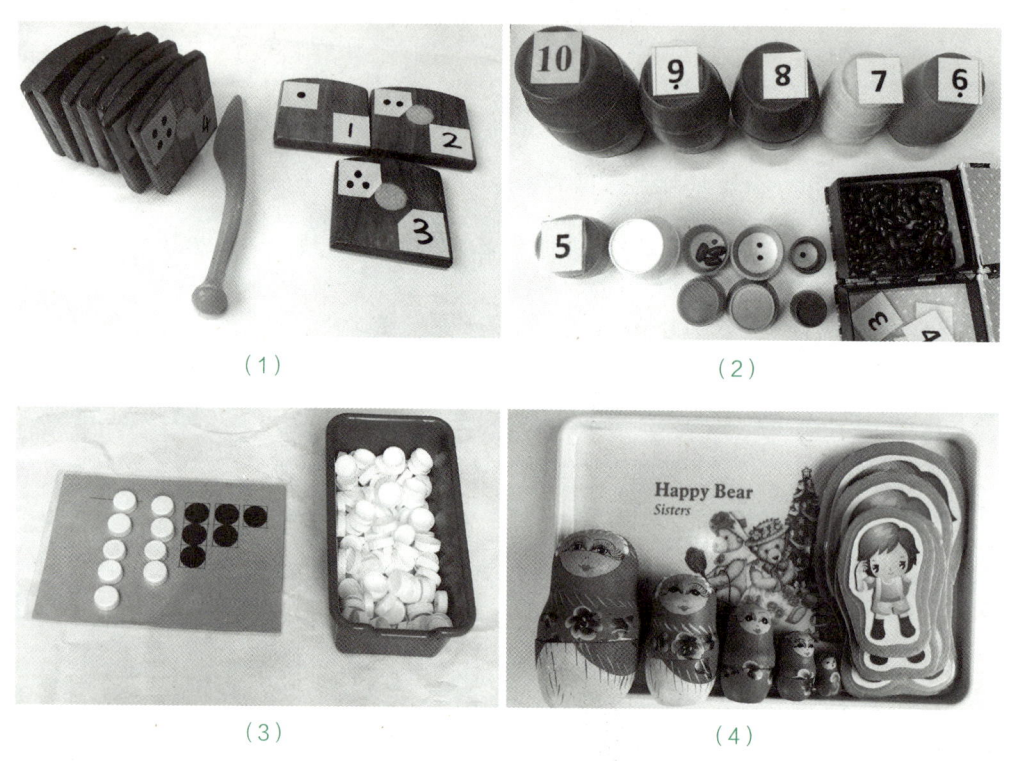

（1）　　　　　　　　　　　　（2）

（3）　　　　　　　　　　　　（4）

图3-3-1　小班计数材料

2. 投放系列操作材料

幼儿掌握某个数学概念时，需要经过多次反复的练习，材料的性质一般从具体形象逐渐过渡到抽象概括，从单一到复杂，当幼儿前一个经验逐渐巩固后，教师有意识地将幼儿引入下一关键经验的学习中，同时在一份材料中整合多种关键经验。针对一个关键经验教师可设计多个活动，系列材料要满足幼儿反复多次练习的需要。例如，为帮助幼儿感知数量关系，教师可通过提供自然物、图片，改造现有玩具等为幼儿提供一系列操作材料让幼儿反复感知，从而使其达到熟练掌握的程度。（图3-3-2）

（1） （2）

（3） （4）

图3-3-2　数量关系系列材料

3. 利用游戏来呈现材料

玩游戏是幼儿的天性，也是幼儿主要的学习方式。教学中教师利用游戏来呈现材料主要采用两种方式。一种是教师围绕关键经验设计游戏材料，幼儿按照一定的游戏规则与材料互动。比如，找座位，幼儿在去影院中找座位的情境下进行双人游戏或单人游戏，且必须遵照一定的规则。另一种是教师提供开放的材料，幼儿自行决定如何使用，关键经验隐含在游戏过程中，既有趣又具挑战性，材料可以延伸出不同的玩法，以满足不同水平幼儿的发展需要。例如，用自然物做材料，幼儿可以自己根据需要设定游戏规则和玩法，教师希望幼儿可以进行排序、点数等与数学经验相关的游戏，但如果幼儿想自己随意玩，即便没有数学经验在其中也是可以的。（图3-3-3、图3-3-4）

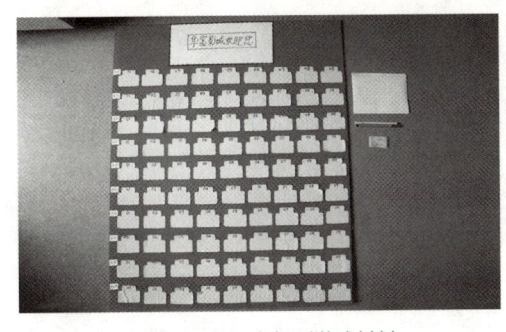

图3-3-3　有规则游戏材料　　　图3-3-4　无规则游戏材料

三、区域活动中幼儿数学学习指导方法

区域活动既可以方便幼儿自由操作、探究表现，又可以给幼儿提供社会交往和语言互动的机会。幼儿在区域中进行数学学习，尝试责任分工，进行互助性学习，学会探究问题、解决问题，学会与人交往、合作，学会正确表达自己的观点。在这些过程中幼儿展现出了自己真实的自主学习状态，这就为教师观察、了解幼儿提供了机会。

1. 以幼儿自主探索，教师观察为主

教师在旁边进行观察记录以便掌握关于幼儿数学发展水平的动态资料，如果幼儿求助或者教师观察到幼儿在探索时遇到困难，可在旁边提供指导或支持，或提出问题或补充材料。一般来说，并不主张教师在幼儿自主探索时过多的进行干预，以便培养幼儿的独立思考能力和自主意识。另外，教师可以在区域中设置问题情境，让幼儿保持对数学的兴趣。教师不断在区域中推出新的富有挑战性的材料，幼儿需要通过自己的努力获得成功的体验。

2. 尊重个体差异，教师适当介入

在组织区域活动时，应尊重个体差异，关注每个幼儿的发展。教师应善于了解每个幼儿在语言能力、艺术表现能力、逻辑思维能力、运动能力、交往能力等方面的强项和弱项，对某方面能力特别强或特别弱的幼儿，要留意他们活动的动机、目标和困难，在适当的时候提出建议，引导幼儿相互协作，发挥强项、优势、弥补弱项。再者，有些幼儿实践操作各方面的能力都比较强，但性格比较内向，不愿表现出来或是不愿与同伴分享。教师这时候就必须给予适当的指导，鼓励并引导幼儿学会表现自我、展示自我。

当幼儿有困难、有需要并寻求教师的帮助时教师要及时出现，或者以活动参与者的身份适当地介入给予幼儿适度的支持和指导。对于能力较强的幼儿，教师可充当旁观者或欣赏者；而对于能力一般的幼儿，在遇到困难或寻求帮助时教师可通过言语提示等进行引导；而对于能力较弱的幼儿，则可采用示范法或直接给予帮助。例如，某一小班幼儿在玩"给图形找家"时，手里最后一个三角形盒子放不到图形版里，教师一直进行观察，看他如何解决这一问题或是否会主动寻求帮助。这时，走过来另一名幼儿，看了看，拿过三角形盒子一转，对准图形版放了进去，然后就走了。这名幼儿拿起放好的盒子仔细观察，看看盒子又看看图形版，不停地转动盒子去对图形版上的盒子印，反复了几次后又重新开始游戏。后来教师问过刚才路过的幼儿是怎么把三角形盒子放进去的，他说："我玩过呀！"这时教师扮演的是观察者，不仅了解了两个幼儿各自的学习特点和发展水平，也锻炼了幼儿解决问题能力，给予了他们同伴间互动的机会，幼儿既体验了自主探究的乐趣，也发展了认知社会性等多方面能力。

3. 依据关键经验，抓住教育契机

幼儿数学学习的关键经验是幼儿在这一年龄阶段可以获得的最基础、最关键的概念和能力。这既是投放操作材料的依据，也是教师观察了解幼儿学习与发展水平的拐杖，更是教师抓住教育契机、展开师幼互动、支持幼儿学习的依据。

例如，在中班，有的幼儿排序有困难，他们在头脑中还没有形成序列的概念，教师可以提供范例板让他们先看范例然后接着排下去，慢慢发现其中的规律。对于能力强的幼儿，他已经可以熟练地进行二维或三维排序，教师提供的范例板是填空式的，可以挑战他的已有经验，强化他对序列的空间感、方位感的观察、判断能力。教师在提供支持时，不能一味追求幼儿对数学知识技能的掌握，追求操作结果，而应将幼儿对数学学习的兴趣，探索、体验操作的乐趣作为目标。

第四节 日常生活中数学活动的组织

一、日常生活中幼儿数学教学的特点

1. 整体学习

幼儿的学习是整体性的，在日常生活中不可能完全区分出这些活动是什么领域的学习，那些活动是什么领域的学习，因为只有当数学知识与生活紧密联系在一起时，幼儿才会感到数学与生活的关系，才能引发他们的学习兴趣，使他们主动积极地投入数学学习之中。比如，点名、排队、喝水等这些每天最常见的活动，其中就含有丰富的数学经验。因此教师可以将区域活动、小组活动、主题探究活动等有机融合在一日活动中，形成"四位一体"的有效教育途径，使幼儿在生活中进行整体学习。

2. 多元感知

由于每个阶段幼儿数学学习的关键经验不同，所以即使是同样的活动，教师从中引发幼儿去感知的数学经验也可以不同。比如，点名活动，小班的教师就重在唱数，随着幼儿计数能力的提高，后期会加上计数；中班的教师就会引入序数的概念，让幼儿看看从左边向右边报数自己是第几个，从右边向左边报数自己是第几个；大班的教师就会将感知加减知识融入其中，如问一下幼儿，没来的男生是有多少个，女生有多少个，加起来一共是多少个。我们可以利用不同的时间段，引导幼儿多元地感知数学。

3. 培养习惯

巧妙利用一日生活帮助幼儿查缺补漏，一方面增进了幼儿对数学概念的理解；另一方面这种寓教于乐的形式也可以缓解幼儿的心理压力，培养好的学习习惯。教师还可以利用点名、安排值日生工作等进行数学游戏，帮助幼儿养成良好的行为习惯。

4. 激发兴趣

一日生活中蕴含了丰富的数学学习资源，教师要善于捕捉问题，让幼儿体会到数学不是一门枯燥乏味的学科，而是解决实际问题的工具。在生活中学习，在学习中生活，让幼儿感受到数学与现实生活的密切联系，从而喜欢上数学学习。

二、日常生活中幼儿数学学习材料的提供

一日生活中幼儿数学学习材料的提供主要有两个方面，一是生活中的数学学习环境；二是隐含数学学习内容的生活化区域操作材料。

1. 生活中的数学学习环境

首先，可以在周围环境中渗透数学学习。例如，设计有序的教室环境、一一对应的标记等。其次，教师要有数学意识，善于发现生活中的数学学习元素。例如，在进行环境创设时有规律地排列物品，将物品按照一定规律分类摆放，将点数、计数、排序等数学关键经验融入其中。在图画书《爱吃水果的牛》的阅读活动中，教师可以从读本中挖掘出给瓶子排序的活动，让幼儿积累有关比较量的多少和排序的经验，并做成墙饰让幼儿随时都有机会进行互动学习。在小班中，教师可以设置5个以内的瓶子，随着幼儿经验的逐渐丰富，到了中班，教师可以将瓶子增加到10个，不断挑战幼儿的已有经验。最后，教师可以将生活现象转化成幼儿可接受的数学学习内容。比如，将一些内容用墙面展示的方式呈现出来，增加环境中的数学内容。例如，引导幼儿感知时间观念的"幼儿一日生活流程图"；在主题活动"石头"中，利用各式各样的石头引导幼儿感知分类、比较、排序等数学经验，并将幼儿的活动过程用照片的形式展示出来，作为环境学习的一个部分引导幼儿在数学的学习环境中感知、积累数学经验。（图3-4-1、图3-4-2）

图3-4-1 "爱吃水果的牛"

图3-4-2 "石头"

2. 隐含数学学习内容的生活化区域操作材料

教师可以选取一些生活中的自然物作为操作学习材料引导幼儿自由建构数学经验，利用自然物幼儿可以进行数数、比较、分类、排序等自主学习。这样会使幼儿的数学学习与幼儿的生活联系起来，激发他们的学习兴趣和探究欲望。还可以将生活中的一些事物物化成区域操作材料，引导幼儿在区域操作活动中主动地去积累数学经验。例如，将幼儿一日生活流程制作成棋盘，放在区域中，让幼儿在操作互动的过程中熟悉自己的生活，感知时间的概念。还有可以在音乐区提供"跳舞毯"，利用音乐活动和区域活动，帮助幼儿培养空间方位感等。（图3-4-3、图3-4-4）

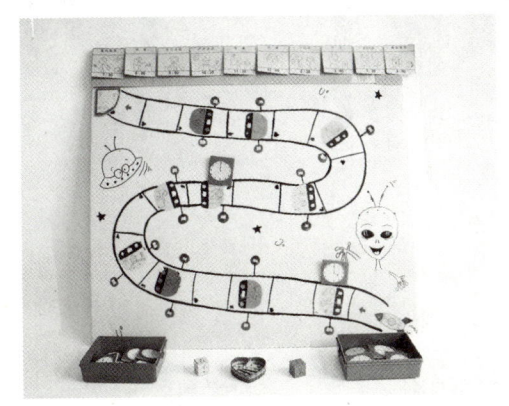

图3-4-3　一日生活棋　　　　　　　　　图3-4-4　跳舞毯

三、日常生活中幼儿数学学习指导方法

幼儿天性好奇、好问，经常会有一些奇思妙想，所以日常生活中的数学教育很多都是随机性的，教师每天碰到的问题都不同。教师该如何把握这些问题呢？是否都需要回应，如果回应又该怎样进行呢？为此我们专门展开了讨论，梳理出了以下几个方法。

1. 巧妙利用生活中的数学环境，丰富幼儿的数学感性经验

对于生活中的数学环境，教师需要有一双发现的眼睛，帮助幼儿去感知数学、积累丰富的经验。例如，幼儿园环境布局中蕴含了空间方位经验，教室里桌椅之间存在数量关系，幼儿活动材料与标记之间有一一对应关系等。此外，教师还可以经常给幼儿讲数学家的故事或有关数学的趣闻逸事，让幼儿感受数学的神奇和美好等。又如，对于如何引导幼儿了解时间概念，我们在教室里的明显位置上，会根据幼儿一日生活流程以图加文的方式做成便于幼儿观察的"一日生活流程图"来帮助幼儿了解哪些是已经做过的事情，哪些是将要做的事情，让幼儿在生活中感受时间的流动性。最重要的是教师要有一种发展幼儿数概念的意识，及时地将生活中的场景或现象用数学属性

加以引导和提升，让幼儿对数学有丰富的感知，对数学知识、数学探究产生浓厚的兴趣和持续学习的热情。可以在幼儿园开展数学节活动，以数学节为主题，引导幼儿全方位地感知、体验数学的有趣、好玩及游戏性，真正在玩中学习、体验，在玩中提升数理逻辑思维能力，促进思维发展。（图3-4-5）

（1）　　　　　　　　　（2）

图3-4-5　数学节

2. 善于运用生活中的数学元素，引导幼儿运用数学知识解决问题

例如，利用户外锻炼的机会，可以让幼儿对拍球及跳绳的次数进行计数，测量谁的小飞机飞得远。在进行一次户外活动时，大班幼儿在玩投火箭飞镖的游戏，有两个幼儿为谁扔得远而争执了起来，教师及时运用测量、比较等数学知识，使幼儿在运用数学知识的过程中解决了问题，而且也很好地为幼儿示范了当与他人有不同意见时应如何化解，这样做不仅培养了幼儿的数学能力、思维能力，而且对幼儿社会性的培养也起到了积极作用。还可以引导幼儿运用单双数的知识找座位，运用测量、"加减"等知识对幼儿园的树木进行统计，运用排序知识对幼儿园的围栏进行设计等。

再如，幼儿在散步时发现花园里有各种轮子，于是教师抓住这个契机，分小组进行探究性学习，设计了一系列活动，如"轮子的统计、测量、分类"等，既贴合了幼儿兴趣，又将这一兴趣点转化成了有意义的学习经验。（图3-4-6）

3. 及时捕捉幼儿感兴趣的数学问题，使之成为数学活动内容

例如，对于小班的手口一致点数活动，

图3-4-6　"轮子统计"

我们一般会采用区域活动和日常生活的形式来进行，在收拾玩具时教师发现幼儿对不断地数下去很感兴趣，于是教师就设计了一节小组活动，和幼儿一起比一比最多数到几？想一想怎样才能数得又快、又多、又准？对于小班幼儿来说他们最多只能数到10，大部分都只能数到5左右，讨论这样的问题有些难，但重要的是教师希望给幼儿一个思维方式上的影响，针对事物表象让幼儿有自己判断、推理、归纳的过程，这是一种对思维品质的培养。

点名、排队、喝水这些日常生活环节中隐含了很多数学问题。在设计数学活动内容时，由于不同阶段幼儿数学学习的关键经验不同，所以即使是同样的活动，教师所侧重的数学经验也不同。比如，点名活动，小班的教师就重在唱数，随着幼儿计数能力的提高，后期会加上计数；中班的教师就会引入序数的概念，让幼儿看看从左边向右边报数自己是第几个，从右边向左边报数自己是第几个；大班的教师就会将感知"加减"知识融入其中，如问一下幼儿，"没来的男生有多少个，女生有多少个，加起来一共是多少个"。

4. 挖掘家庭数学教育资源，拓展延伸幼儿数学经验

开展家园合作，发挥家长亲子教育优势，请家长配合，引导幼儿在家庭中运用数学的知识解决简单的生活问题。例如，引导幼儿运用分类的知识整理自己的玩具、图书或玩具橱；到超市购物时，引导幼儿观察所买物品的数量和价钱，学做记录；日常出行时，引导幼儿注意观察车牌上的数字或经常看到的数字或数学问题，提高幼儿对数字的敏感度等。挖掘家长资源，设计开展亲子数学小游戏，利用周围环境中的数学资源作为游戏材料。比如，利用扑克牌可设计排序、分类、点数等亲子游戏；吃水果时可设计等分、比较多少等亲子游戏；亲子阅读时，可挖掘图画书中的数学元素，设计相关的游戏活动等。引导幼儿感受来自日常生活的种种数学信息，积累数学经验，运用数学知识解决日常生活中的简单问题，从而激发他们学习数学的兴趣，促进他们数学思维的发展。（图3-4-7）

（1）　　　　　　　　　　　　　　（2）

图3-4-7　家庭亲子游戏

第五节 主题活动中数学活动的组织

一、主题活动中幼儿数学教学的特点

1. 为幼儿提供运用数学知识技能的机会

数学知识和经验是在运用的过程中理解和积累的，并且运用数学知识解决问题的过程对幼儿认知及综合能力的发展也会起到积极的作用。通过开展主题探究活动，幼儿可以获得丰富的数学学习经验和学习机会，同时也可以让幼儿感受到学习数学的意义，获得解决问题的满足感和成就感。例如，在"大树"这个主题活动中，幼儿可以运用统计的知识，了解幼儿园有多少棵数。这时每一组幼儿的统计方式都是不同的，为了解决这一问题，幼儿会运用自己已有的数学经验，并且在这个过程中幼儿通过相互交流、分享也积累了数学相关知识。这种学习更加真实、自然，更贴近幼儿生活。

2. 发挥主题整合性学习的效应

数学知识与现实生活有着密切的联系。当幼儿数学活动在主题背景下开展时，活动内容更加丰富，学习形式更加灵活；同时丰满的数学活动使主题活动与领域教学在目标、内容、形式、方法上得到了有机整合。教师应充分利用数学与主题整合的价值，帮助幼儿感知数学，并将其运用到生活中来解决问题。

3. 激发幼儿进行持续探究学习的热情

教师要从主题的产生、推进、表征、分享等各个环节入手来思考、预设与本年龄段幼儿数学学习的关键经验相关的主题活动，结合幼儿的兴趣点设计适宜幼儿发展的数学活动。在这个过程中要激发幼儿的探究兴趣，引导幼儿体验探究过程，发展初步的探究能力，同时要发挥教师的引导、帮助作用，帮助幼儿养成受益终身的学习态度和能力。

二、主题活动中幼儿数学学习材料的提供

1. 主题墙帮助幼儿学习数学

观察、发现、感知主题活动展示墙面中的内容，发现其中隐含的数学问题成为幼儿数学学习的一种有效方式。在"地铁"的主题活动中，幼儿在参观地铁站时对地铁线路图非常感兴趣，回来后还在讨论，教师抓住了这个兴趣点，引导幼儿让他们自己画出他们看到的地铁线路图，又在此基础上师生共同制作了一张大的线路图并展示了出来。这其中不仅有方位、空间等数学知识内容，同时在讨论中发展了幼儿记忆、注意、分析、判断等认知能力，幼儿与人合作、协商的社会性也得到了一定培养。将这张师生共同绘制的地铁线路图作为环境装饰，不仅有助于幼儿保持对探究活动的极大热情，也有助于

图3-5-1 参观地铁站

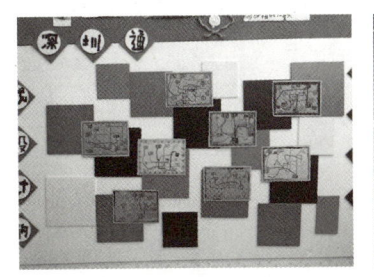

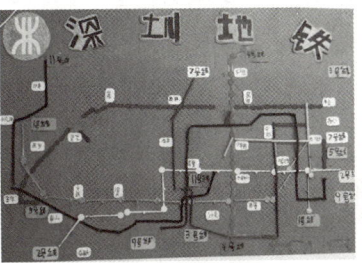

图3-5-2 幼儿表征作品　　图3-5-3 主题墙（1）　　图3-5-4 主题墙（2）

图3-5-5 "我要上小学了"区域材料　　图3-5-6 "我要上小学了"

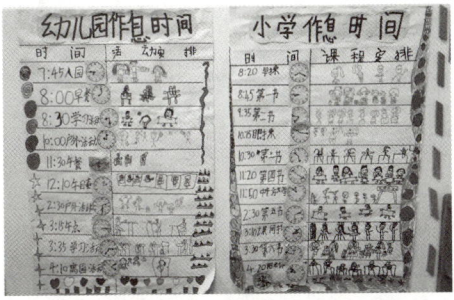

幼儿巩固对空间方位概念的认识。（图3-5-1至图3-5-4）

2. 结合主题活动内容设计数学学习区域材料

我们在数学区设计、投放与主题活动相关的材料，支持幼儿个别学习或开展小组活动，并在其他区域与主题活动相关的操作材料中加入数学学习内容。比如，在"地铁"的主题活动中，根据幼儿坐地铁的顺序，制作了排序图，一方面引导幼儿回忆曾经做过的事情；另一方面也可让幼儿积累有关顺序的数学经验。在"我要上小学了"的主题活动中，通过提供幼儿园和小学作息时间的对比图来进一步丰富幼儿在时间和统计等方面的经验。（图3-5-5、图3-5-6）

三、主题活动中幼儿数学学习指导方法

1. 以幼儿为主体，选择适宜的活动

首先是目标要适宜，就是说依据主题所选择的数学活动目标与幼儿数学学习的关键经验要一致。教师选择数学活动的依据是要看幼儿是否有兴趣，在兴趣的基础上，教师要牢记幼儿数学学习的关键经验，让幼儿的兴趣有意义，并促进幼儿内在能力的发展。例如，对于"大树"的主题，幼儿想知道幼儿园里的树哪棵最大，教师抓住了这一教育契机，有机地与测量、比较、排序等关键经验进行整合，开展相应的数学活动。其次是材料投放要适宜，就是说主题活动中投放的材料与幼儿数学学习材料应进行有机结合，要使投放的材料具有游戏性、探索性、教育性。

2. 顺应幼儿需求，推动主题活动顺利展开

我们把幼儿数学活动看作是主题活动过程中的一种有效的工具和方法，这样既顺应了幼儿学习发展需要，也与主题活动发展进程同步。同时发挥数学知识解决问题的功能，激发幼儿的思维，引导幼儿在"提出问题—发现问题—思考问题—解决问题"的过程中进行探究性学习，促进其多种能力的发展。培养幼儿探究的精神，引导幼儿体验探究过程，学习探究方法。

3. 尊重个体差异，鼓励多元表征

幼儿的学习存在个体差异，他们的前期经验不同，学习水平、方式、速度等各不相同。因此他们对自己感知、体验到的数学经验也有各自不同的表达方式。教师要利用主题活动促进幼儿多方面能力的发展，鼓励幼儿大胆表达，学会用自己的方式表达对数学学习的理解，可以是身体动作、表情、语言、绘画、唱歌等。作为教师，应该接纳幼儿的不同表达方式，并在原有基础上给予肯定。

4. 及时反思评价，推进主题深入

教师要对主题活动的进程进行及时的审议，判断幼儿的兴趣点是否还在，是否有继续进行的必要，同时要对主题中的数学活动进行反思和评价，思考活动是否对幼儿的思维和认知能力发展起到了积极的促进作用。

第四章 成长：构建教师学习共同体，做最好的自己

我们倡导回归本质的幼儿数学教育理念，一方面要回归到教育的本质，即教育是育心的教育；另一方面要回归到数学教育的本质，即通过数学学习促进幼儿认知能力的发展。这就需要教师在数学教育实践中对数学关键概念了然于心，并能及时发现幼儿的兴趣点，恰当、适时地挑战幼儿的思维，将理念转化为实际的教学行为，呈现高质量的数学教育活动。教师研究教学实践的过程，是提升和发展自身专业素质、专业能力、专业水平的过程，也是形成教师学习共同体，促进整个教师队伍专业化成长的过程。

教师是课程的执行者，教师对课程的理解能力、实施能力决定着课程是否能将理念落实为教育实践。我们有教学经验丰富的老教师，但有些教师仍然沿用过去的教学观念和教学行为，即数学活动的设计仍以教师为中心，设计流程环环相扣，注重对幼儿知识概念的传授，忽视了对幼儿认知能力的挑战和培养。新教师较于老教师而言，教学的桎梏较少，但是缺乏教学经验，不知道如何将教学理念和教学实践相结合，如何创造适宜的问题情境，以及如何恰到好处地促进幼儿认知能力的发展。面对这样的教师队伍现状，我们在回归本质的幼儿数学教育理念的指导下，边学习边实践，将教育观念转变与教育行为转变统一在一起，使幼儿发展与教师发展同步进行。

一、教师经历的转变

教师是课程的执行者，是教育教学的落实者，在进行数学教育研究的过程中，通过学习研究，教师们的理念和观念发生了转变，教育实践方式也发生了改变，教师在教学中也在尽量克服原有教学习惯在潜意识上对自己的影响。俗话说："不经一番寒彻骨，哪得梅花扑鼻香。"经历了无数次的打磨与考验，回过头来看，教师们都纷纷惊讶于自己的改变和成长，虽然仍有很多不完善的地方。应该说，进行幼儿数学教学研究对我们整个教师团队来说都是一次挑战，所带来的不仅是教育质量的提高，更是教师专业发展

中的成长和进步。

（一）从传授知识到促进认知发展

传统式的教学方法是结果取向的，注重幼儿知识的习得结果，幼儿被动的接受，教师多采用灌输的方法，同一时间，学习统一内容，以期达到一样的标准，幼儿主动学习数学的意识和兴趣不高。研究后，我们的教学方式注重引导幼儿，让他们在学习过程中操作、感知和体验数学核心经验，将数学活动的过程视为教师和幼儿一起探索游戏、共同学习、合作互动的过程，同时主张不以操作结果作为评价幼儿的唯一标准，教师关注的是数学活动有没有激发幼儿的探究欲，有没有为幼儿提供适宜的操作材料，关注的是教师的提问能否激发幼儿进一步的思考，关注的是幼儿活动过程中思维的发展和认知能力的提升。放开手，幼儿所表现出的智慧是让教师叹为观止的，教师对幼儿的理解也不再是自己手上需要哺育的小鸟，而是具有独立思考能力和问题解决能力的独立个体。例如，过去小班点数点的一般是5以内的数，需要1~2个课时完成。随着教师观念的转变，依据现在幼儿发展水平，活动调整为不限制幼儿点数的具体数量，根据能力情况，只要遵循数学关键经验，无论幼儿能点数多少都鼓励他继续点数下去，同时也不需要用1~2次活动来完成，而是通过多种类型区域材料的提供与日常生活中的运用来丰富小班幼儿点数的经验。这样不仅保护了幼儿的好奇心和主动学习的热情，也提高了幼儿的数学能力，同时也让幼儿对数数的兴趣更加浓厚了，持续学习的愿望更强了。

（二）从表演式教学到留白式教学

传统教学中教师更重视预设部分的准备，也就是事先将教案备好，在小组活动的时候按照教案中的步骤进行就可以了。教师经常想：我的课第一步是什么？第二步是什么？第一步孩子做到了吗？如果没有做到，那第二步孩子做到了吗？第三步应该怎么做？其中教师思考更多的是如何将我设计的活动呈现出来。研究后的数学教育活动要求教师要懂得留白的艺术，即教师需要把握好预设与生成之间的度，只预设好枝干，细节需要教师根据幼儿的反应随机填补，不同的幼儿用不同的方案。在这种教学活动形式中，教师和幼儿都是活动的主人，教师不受制于自己预设的教学方案，幼儿也不必一步步地跟着教学方案的基调来行动，其主动性得到了极大的发挥。教师们坦言对于研究后的教学活动，教师更加自信也更加轻松了，只要心中有关键经验，活动中无论出现什么样的"突发状况"，教师都能及时回应，也不必像以前那样时时关注幼儿有没有完成教师的预设，教师与幼儿的互动更加自然、更加从容了。但同时这对教师也提出了新的挑战，即要不断研究数学关键经验、研究幼儿的学习、研究教学行为的适宜性。

（三）从语文式教学到操作式教学

所谓语文式教学就是教数学课像教语文课一样，教师通过语言讲述的形式而不是通过引导幼儿进行操作的形式来让幼儿理解数学概念。幼儿坐着听的时间多，进行操作也需要教师统一规定时间，操作次数也有规定，课后练习的机会不多。研究后的数学教育活动给予了幼儿大量的时间去操作，同时设置了数学区，可以让幼儿自由选择，充分地反复操作数学材料，直至他们熟练为止。在数学小组活动中，教师多以问题导入，以幼儿自主操作探索、体验感知为主，引导幼儿在操作中充分地理解数学概念。例如，大班幼儿感知10的组合时，采用传统的教学模式，教师可能会不断加强幼儿对10的组合的记忆，用这种教学方式幼儿可能会很快记住，但是当你问幼儿："3和7合起来是多少呢？"很多幼儿就被问住了，因为幼儿对数的分解与组合的意义理解得不够。在发挥幼儿主体和教师主导的作用下，幼儿通过亲手操作，感知、积累了足够多的实践经验，掌握了10的多种分法；再通过小组活动中的互动和教师语言上的点拨，幼儿在讨论、分析、判断的过程中寻找数字之间的规律，从数学的属性方面思考问题，不仅获得了数学经验，思维能力也得到了提升。这种建立在操作上的数学概念无疑更加牢固，运用起来也更为灵活。

（四）从领导式教学到陪伴式教学

在之前的传统教学中，教师拥有较大的权威，在课堂上占据领导地位，整节课多以教师为主导，幼儿跟着教师的指挥走，教师是指令的发出者，幼儿是指令的跟随者，教师与幼儿之间的关系是不平等的。教师为了保持课堂秩序常常会采用行为主义的教学方法，强调幼儿在活动中的整齐划一，用奖励和批评的方式来调节幼儿的行为。在研究后的数学教育活动中，幼儿和教师的地位是平等的，教师是活动的引导者，同时也与幼儿一样是活动的参与者，教师与幼儿一起操作材料、相互分享操作结果，共同就操作中出现的问题进行探讨和研究，教师尊重幼儿的各种奇思妙想，幼儿学习教师的操作经验，大家畅所欲言，各有所得。教师把数学活动当作一场与幼儿一起参与的互动游戏，而不是冷冰冰的知识传授过程，前者是轻松愉快的，后者是沉闷紧张的。教师态度的转变对幼儿也产生了影响，有教师反映："之前孩子有的一听说有数学活动就有些抗拒，因为我们老是让他们学东西，现在孩子们不一样了，他们还挺喜欢参加数学活动的，因为觉得数学活动就是玩，一次活动意犹未尽还想再来一次的孩子比比皆是。"由此可见，领导式教学与陪伴式教学带给幼儿的是截然不同的两种体验，其所带来的效果也是完全不同的，后者更有利于保护幼儿对数学的兴趣，可以为幼儿操作和探索提供轻松愉快的氛围。

数学教育的研究带来的是教师与幼儿的共同发展。对于教师来说，他们将注意力由教学方案如何贯彻、知识如何传授转到了数学关键经验的获得与幼儿的课堂反应上，其教师专业性得到了发展，不少教师表示研究后自己总算明白了数学及孩子到底是怎么回事了，以前只知道一节课应该怎么上。对于幼儿来说，他们的兴趣、想法得到了尊重，再也不是被动的接受者和反复的练习者，而是有着独立思想和智慧的个体，他们作为独立个体的权利在幼儿园中得到了充分的保障。

二、构建教师学习共同体，做最好的自己

教师和幼儿一样也需要学习和成长。我们有良好的校园文化和学习氛围，也为教师搭建了共同成长的平台，通过构建学习共同体，教、学、研一体化，以及鼓励教师开展行动研究等方式，促进教师专业成长，使教师获得专业自信和教研的荣誉感、满足感，并在研究过程中收获职业幸福感。

（一）民主、宽松的文化氛围是教师成长的最佳土壤

故事1：

在民主的氛围中畅所欲言

说到民主，很多人的第一反应就是地位平等，相互之间和谐共处，其实这只是民主的一个方面。民主还意味着大家相互之间毫无保留地畅所欲言，能站在对方的角度思考，去帮助他人发现问题，找到解决问题的方法。我们在团队中营造一种民主和谐的氛围，前提是一定要"真实"，就是讲真话、找出真问题、提出真方案，而不是为表面一团和气而有所保留。

甲老师对这种较为自由的研讨方式印象颇深，她说："之前的讨论就是轻描淡写，多说好话，因为我们是新教师，刚进入集体，大家都是同事，抹不开面子，怕得罪人。后来看了几次活动后，我改变了观念和评课的方法，因为我们有一个良好的研讨氛围，园长经常讲，研讨是以相互学习和进步为目的的，对事不对人，说的全是优点对上课的老师来说没有进步的空间，大家都不说问题，这样对自己的帮助、提示也不大。

"于是我也开始大胆地表达自己真实的想法，有的时候意见还挺尖锐的。我记得自己的课就曾经被批得体无完肤，当时我确实觉得还挺没面子的。但是过后一回味，发现大家确实说得句句在理。我说话比较啰唆，紧张的时候甚至还会重复自己的话。后来自己在小组活动的时候就有意识地注意了，特别是在交代任务环节，我会尤其注意。因为如果这时候老师啰唆的话，就会对孩子形成干扰，导致有些孩子因为教师的话太长而遗漏关键信息，这会直接影响他们后面的操作行

为，而这都是我之前没有注意到的。所以我们有的时候虽然看起来争论得很激烈，但恰恰是在帮助自己成长。"

故事2：

在宽松的氛围中大胆前行

在实践研究中针对教师的感受我们可以大致划分出这么几个时期：了解期、行动期、迷茫期、转折期、熟练期。前两个时期主要是教师了解新的教学理念与具体的教学方式，并将之应用到自己的教学实践中。随后在应用的过程中，问题不断出现，不少教师将会进入一个迷茫期，不知道什么是最适宜的教学方式和方法，接着在外界的帮助与自我的不断学习中，教师开始进入一个转折期，即对教育教学领悟得更加深入，在支持幼儿学习发展方面应对更为自如。最后是熟练期，即教师已经完全领悟到了教学研究的核心精髓，对教育教学也有了自己的见解和观点，已经可以独立自主地研发、组织并调整教学活动了。

其中，第三个时期是最难度过的，有些类似于黎明前的黑暗，这时教师遇到的困难和挫折较多，他们开始怀疑自己的能力，开始自我否定等，情绪上也容易陷入悲观、低落、不自信等状态。此时，外界的鼓励、支持和帮助尤为重要。

乙老师回忆自己的迷茫期时说道："备课的时候，把自己的想法分享给大家后非常忐忑不安，不知道好的、合适的活动是什么样的。可能之前失败的次数太多，就对自己失去信心了。有的时候，我想是不是自己不适合开展数学活动呢？面对孩子，有的时候也没有之前那么自信了，因为以前组织活动都是抱着'我是老师，你要听我的'这种想法。现在呢，需要我们放下之前的思想和孩子做朋友，同时要适当地支持孩子的学习。要真的改变自己的角色定位也不是那么容易的，你很容易想我可不可以这样做，这样做会不会限制了孩子？孩子出现这样的行为，我是该管还是应该视而不见。其实也就是以前的标准不适用了，现在的理念也没有完全理解，这个时候是最容易乱的，因为你很多时候做出来的不是偏左就是偏右，那个度是很难把握的。"

丙老师说："我们幼儿园的氛围比较宽松，不论是管理者，还是其他老师，都很愿意帮助你。领导对我们的态度就是，你现在做不好不要紧，只要你愿意学习，我们有时间等待你进步。其他老师也不会去嘲笑你，大家觉得我们既然是一个集体，就慢慢一起学习一起进步。我们的讨论其实很多时候是非常激烈的，基本是不留情面的，不过也都是想把这件事情做好。有的时候，我的提议大家不是很支持或者看好，但当时我的想法是，这个班的孩子毕竟是我带的，我的直觉告诉我，他们能够达到这个程度，这个活动是在他们的'最近发展区'里进行的，所以我还是想实践一下。因为我比较坚持自己的想法，所以领导和其他老师也就会尊重我的意见。抱着在实践中反思的态度，我会在自己班上进行尝试，其他老师在旁边观察，然后看幼儿的反应再来考虑这个活动的设计是否适宜。这种比较民主、宽松的氛围，在很大程度上减轻了我的心理压力，大家也给了我充分的支持，帮我想教学细节，帮我打磨活动设计方案。另外最重要的是，大家给了我成长的时间和空间，让我能够更加从容地去面对和解决问题。要是没有了集体的支持，我一个人肯定是坚持不下来的，也许进行到一半就觉得自己不是那块儿料，就放弃了。"

（二）学习共同体助力教师相互学习、均衡发展

教师每天直接面对幼儿，活动内容是什么，怎么开展活动，如何落实理念，在落实的过程中会遇到什么问题，问题如何解决等，都需要教师自己运用他所了解的幼儿学习的特点、数学学习知识、随机教育智慧独立面对。因此，教师专业成长不仅影响着教师个人职业生涯的发展，同时也是提高教育质量的关键。在我们的教师队伍中，教师年龄、教学水平、个人能力差异较大，新教师较多，他们年轻有朝气，但缺乏经验和理论知识，尤其是对数学学科知识的了解比较薄弱，急需专业发展上的引领。为此我们需要建立一个平台，组织一个可以使教师专业水平得到共同提升的团队，因此教师学习共同体应运而生。

所谓学习共同体，是指教师具有共同的专业发展愿景目标，共同制订并实施专业发展计划。教师之间彼此信任、相互依赖，经常在专业学习过程中进行沟通，共享各种学习资源、专业智慧及实践经验，彼此交流专业情感、体验和观念，共同完成一定的专业发展任务，成员之间形成相互影响、相互促进的人际关系。学习共同体是将教师的教育观、儿童观，以及对幼儿园课程的理解等思想观念统一在一起，梳理共同的愿景，给教师提供一种交流、分享、合作的氛围，让教师在这种环境下主动地去表达，促进他们成长，形成幼儿园的教研文化。

故事3：

在学习共同体中内化教育观念

例如，有关"回忆"环节的讨论。

每次幼儿自主学习后教师都会组织一个"回忆"环节，有的教师认为这个环节很重要，可以达到复习、巩固、提升能力的作用；有的教师认为这个环节没有必要，因为只有少数几个人在上面讲，多数孩子在下面听时也没有认真听，就变成了教师不停组织，孩子不停"东倒西歪"的场面。为此，我们开展了专题研讨。首先，观摩了两个有代表性的班级，然后大家就"回忆能否促进儿童发展"

展开讨论、分析利弊。每个人都发表自己的观点，分享成功或失败的经验，最后达成共识：要不要"回忆"环节不能一概而论，需要根据当天幼儿的活动内容、具体活动情况来决定。最后大家总结出了什么时候该回忆、怎样回忆等参考性策略。在这个过程中每个教师都主动参与、发表意见，为达成一定的目标贡献自己总结的智慧，教师间形成了良好的教研文化氛围。

又如，甲老师既是进行数学实践研究的老师，又是中班的年级组长，她在活动材料提供方面感悟颇深。"提供的材料一定要给孩子一个比较大的发挥空间，也就是书上所提倡的给孩子提供的材料要有一定的梯度。"例如，中班上学期的点数对应活动，最开始设想的是第一次活动先进行1~5的点数对应，第二次活动再进行6~10的点数对应。有的教师就质疑说，会不会中班的孩子已经具备了1~5的点数对应能力，那么就没有必要进行第一次活动了。但有的老师就担心自己班上点数能力较弱的孩子，直接进行6~10的点数对应他们会直接"懵掉"。后来我们就讨论出了一个折中方案，就是教师事先准备好1~10的点数对应材料，活动一开始用表示5或6的点卡和孩子互动，如果孩子没有困难，就直接进行6~10的点数对应，如果孩子有困难，就进行1~5的点数对应。随后在开展小组活动的时候发现这样做是明智之举，因为孩子之间的差异还是比较大的。例如，班上的一对双胞胎，他们只认识1~5，但是也有的孩子甚至能达到10以上的水平，用这种有梯度的材料，就给予了孩子较大的自由度，也能够满足不同能力、不同发展水平的孩子进一步发展的需求。

故事4：

在学习共同体中提升教学技能

每位教师都具有不同的个性，而这些性格特征也会影响教师的教学风格和教学习惯。以年级或数学学习小组为单位进行集体备课，备课组成员通过思想的碰撞、教学经验的分享，加深了对幼儿数学教育的理解和认识，拓展了教学思路，教师们取长补短，老教师得到了充电，新教师获得了经验。广大教师在集体备课中不断提高自己的备课水平，优化自己的教学行为，从而提高了教学效率。

丁老师说："我个人对什么事情都很认真。我之前有个习惯，总希望孩子在一个活动中能够学到东西，看到一些孩子不会操作，就在那里各种急，觉得作为老师就应该有义务去帮助孩子掌握。后来在讨论的时候，他们就劝我要放宽心，不要老想着孩子有没有学会，学不会也没有关系，关键是孩子在其中有没有积累经验，认知能力有没有得到提升，孩子喜不喜欢这个活动。园长就老是提醒我，不要忘了我们园数学教育的宗旨，就是要促进幼儿认知能力的提升。有位老师在讨论的时候还跟我说过："放过你自己，也放过孩子。"这句话我印象特别深。后来，我开展了一次排序的活动，活动后，园长和老师们都说这次的活动不错，因为老师的状态比较放松，孩子们各个神情专注，思维也很活跃。我从这个活动中更深地领悟到了之前老师们给我提出的意见：要设计孩子喜欢的活动，并且重点关注孩子参与活动的过程而不是孩子的操作结果。

"所以，我个人还是非常感谢我们有这样一个集体备课、集体观摩及讨论的小团体的，有句话说得好，集体的智慧是无限的。大家在讨论中，互相提建议，我就能够更加深入地认识到自己的问题在哪里，对理论的理解也更加深入了。不再是以前，嘴上说一套，行为上却还是沿用老的方法，现在理论和实践能够逐渐统一起来了。对于这一年多的教育实践，虽然我有的时候也觉得很辛苦、很迷茫，但是我还是成长了不少，我也更加自信了。"

（三）开展多种形式的教师培训，开阔视野、磨炼内功

培训是教师专业发展的重要途径，我们主要通过"走出去，请进来"的方法来拓宽教师视野，读书分享帮助教师内省反思，观摩研讨打磨细节，增强教师基本功。

故事5：

让读书成为一种习惯

丁老师说："在研究的过程中我养成了读书的习惯，以前读书主要以教学实践方面的参考资料为主，现在会主动看一些有关教育理念的书，如学习、了解数学学习的关键经验有哪些，皮亚杰的儿童发展的四个阶段等，然后大家会在读书会上进行交流。多读书，看完书之后要学会在实际教学中应用。那些以前听得多的口号，如尊重孩子的兴趣、给予孩子自由、了解孩子的前期经验、给孩子提供有梯度的材料，真的需要我们认真反思，并不断地将理论和实践融合在一起，理解了理论之后再应用到实践中，出现了问题，再和大家一起商量，一起去书中寻找答案，这样进行几回，那些理论就不只是书上的理论了，也内化成为我们自己的知识了。"

故事6：

请进来，走出去

乙老师说："以前觉得数学就是把数学知识教给孩子，关注的也是怎么让孩子们都学会。当时我觉得一个好的数学活动就是，孩子们基本都学会了，活动设计得活泼有趣，最好加上一些小游戏，有一个生活化、有趣的场景，让孩子觉得数学没那么枯燥。随后，幼儿园请来了从事数学教育的专家老师，她告诉我们数

学教育不只是要教给孩子粗浅的数学知识，更多的是要以数学学习为工具来促进孩子认知能力的发展。专家老师还指出，我们以前对活动的形式是否新颖太过于关注，没有把目光放在孩子身上，虽然口头说要以儿童为中心、尊重儿童的兴趣、把儿童放在主体地位等，但是落在实际行动上仍然是以教师为中心的，让孩子跟着教师一步步的操作，使用的仍然是高控的教学方式。这样下去，一来孩子的思维受到限制，二来孩子习惯于去满足成人的要求，而失去了自己的主观能动性。当时，我听完专家老师的讲座后，整个人是很震惊的，原来我们习以为常甚至引以为豪的做法，竟然会限制孩子的发展。

"后来，我们每个月和专家老师及其他老师一起备课、探讨，自己开始慢慢适应新的教学方式了，对数学教育有了一个更加深入地理解，对孩子的观察也比以前频繁了，我觉得整个人不管是教育理念还是教育方法都得到了升华。以前就只是机械地选课、备课、上课，没有多少自己的思想在里面，现在不一样了，我会想这个活动的关键经验是什么，我给孩子提供什么样的材料能让他理解这个关键经验，孩子做出这样的反应背后的原因是什么，我能够给他提供什么样的支持。以前老是说，要研究教学，我想这个就算是了。

"另外，幼儿园派我和其他几位老师一起去南京进行观摩学习，对我的触动也很大。南京一些幼儿园的理念和我们的理念有些类似，也是主张用数学来促进幼儿认知能力的发展。那天，南京的一位老师展示了'数的分解与组合'的活动，当时看完最大的感受就是在这位老师身上我看到了自己的好多影子，我就开始在心中和这位老师暗暗比较，这点我做到了，那点我还是比较欠缺的。以前老是盯着看人家的活动是怎样开展的，现在则把眼光更多地放在了老师和幼儿的互动上，看人家是如何更好地支持幼儿进行学习的。所以，我觉得学习和培训真的是很有必要的，它开拓了你的眼界，改变了你的思想。思想变了，你的行为慢慢也会跟着变化。有的时候，当你回过头来看自己，你更多的会是一种欣慰，原来自己进步这么大啊。"

故事7：

学习带给我的转变

丁老师说："之前我们也学数学，但当时关注的就是怎样把一节课上好，使孩子能够理解。总觉得什么是数学、什么是数学教育这种问题应该是专家需要思考的，自己从来就没有想过。我们也认为数学很重要，觉得它是一门很重要的学科，不过主要还是从幼小衔接的方面考虑，希望孩子能够掌握一定的数学知识，希望能够为孩子上小学打好基础，所以就会比较注重孩子学习的结果，孩子一旦没有学会就会很焦虑、很担心，好像自己没有尽到责任一样。然后呢，就会采用各种招式想办法让孩子学会，之前王园长就形容我们，像老母鸡孵小鸡一样，孵出一个放走一个。

"听了专家老师的讲解才知道，要用数学去促进孩子思维的发展。其实，之前这种类似的口号讲得也挺多的，如运用数学知识开展游戏、锻炼孩子的思维等，但是具体落实在实践中，怎么样才能促进孩子思考、提高孩子的能力呢？这点我们之前还真没有想到。后来经专家老师这么一讲解，还有对我们的活动这么一点评，就明白了，原来要在活动中让孩子自己去操作、去探索，原来老师要关注孩子的学习过程，而不是关注孩子的学习结果，用专家老师的话来讲就是教师要挑战孩子的思维。这种思想到后来不仅影响了我们的数学活动，也影响了我们组织的其他活动，如语言活动、科学活动、美术活动等，我们的行动不知不觉地都受到了它的影响，我们开始关注孩子是怎样与材料互动的，孩子思维的过程是什么样子的，我们会时刻观察孩子，对儿童的认识也加深了。甚至在我姐姐家的孩子出生后，我看到这个孩子的手脚都被被子包住了，我就跟我姐姐说这样不行，你应该把孩子的手脚释放出来，让他用手用脚去感知这个世界，与周围的环境进行互动。所以说，这种教育理念真的是渗透进了我生活工作的方方面面，用比较学术的话说就是，我的儿童观都改变了。

"另外，跟大家分享一件令我印象特别深刻的事。刚开始进行这个实践研究的时候，在一次小组活动中，我故意给孩子展示了一次错误的操作。我那时的考虑是，孩子对这个关键经验已经很熟悉了，如果能够辨别出什么是错误的、什么是正确的，就说明他们掌握得很牢固了。当时专家老师就指出我这样做是非常不适宜的，因为孩子还小，如果成人给他们去玩什么小心思、小花样的话，就会破坏我们之间良好的信任基础，如果这样做我们给孩子传达的潜意识就是人和人之间可以耍花招，可以弄虚作假，可以不这么坦诚，这对孩子的成长是非常不利的。我一开始有点难以接受，觉得是不是有些上纲上线了？后来我留了个心，在和孩子的互动中我也发现，其实老师对于孩子来说就是他们模仿和学习的第一对象，老师的一举一动都会被孩子慢慢学到。如果和孩子玩花样的话，孩子就会觉得和人耍小聪明、弄虚作假是一种很正常的行为，那慢慢地他一方面会失去对别人的信任感，另一方面对别人也就不会那么坦诚了。教育带给孩子的应是正能量的东西，虽然我们不能保证孩子在今后的生活中，甚至步入社会以后，会不会碰到骗子之类的人，但是在孩子最年幼、各方面价值观都没有形成的时候，我们一定要给孩子提供最真诚的、最具有正能量的东西，这样孩子即便以后会遇到挫折，遇到欺骗，也不会那么容易被同化。用专家老师的话来说，教育还是需要给孩子一片净土的。"

故事8：

录制视频反复打磨教学

教师在平时开展活动时会在旁边放上一架摄像机，以如实记录下自己上课的教态，方便活动后进行自我反思。每周，教研员也会到班上与教师一起录制视频，录好后再和教师一起讨论教学实施中的细节问题。教师反映，这种通过录视频来学习，以及教研员现场观摩的方式可以更为清楚地帮助教师去发现自身的问题。因为好多教师自身已经习惯了传统的教学模式，所以在进行教学活动时，好多行为都是无意识的行为。有了视频及旁观者的加入，教师更容易发现自己的问题，这种有针对性、具有现场性的反思和自我学习，对于教师领悟数学教育理念，以及实施适宜的教学行为是非常有必要的。

以"铺小路"的活动为例，教师在活动后发现"幼儿的水平有所不同，完成的速度也不一样"，于是就反思自己的活动内容设计，随后做出调整："对于能力强的孩子，可以让他接着往后排第4组、第5组规律，或者换一个难度高一点的让他再试一次；对于部分感觉活动有难度的孩子，则可以让他试一条简单的规律。"在"图形关系"的活动中，幼儿在将几个图形拼接成长方形时出现了困难，教师反思后就调整了材料，将材料拼接的难度降低，以更好地激发幼儿的操作兴趣。在"剪刀、石头、布"的活动中，教师发现幼儿对操作任务不够理解，导致后面不知道应该如何操作，于是教师就对自己的提问方式进行了调整，由之前单纯地用语言说明，改为用动作和语言一起来说明。

教学研究本身就是否定自我的过程，参与者在过程中必将面临不少的挫折。对于幼儿教师来说，改变自己多年的教学方式是有不少困难的，即使他们有心，但是在进行新的教学设计时会不由自主地将之前的教学思维、习惯带进来，从而造成新瓶装旧酒的情况。曾经我们也有过退缩的想法，但是都凭借着一股不服输的劲头走了过来。此外，团队的鼓励和支持也是我们前进道路中的一个很大的支撑。在不断改正、调整、学习的过程中，教师的思路和之前相比出现了质的提高和飞跃。教师们说，我很喜欢我现在的教学状态，因为它是自然和放松的，我不用担心自己教得好不好，而是和孩子一起玩、一起参与、一起成长。由此可见，尽管教学研究不是一件容易的事情，但是只要有信心和决心，就一定能够取得理想的效果。

第五章 小组活动案例精选

小组活动是回归本质的幼儿数学教育的重要组成部分，它由教师设计和组织实施，介于自由活动与集体活动之间，往往用于数学新概念的普及，以及幼儿共性数学问题的解决。小组活动的参与人数一般为6~8人，时间为10~15分钟，教师根据幼儿的前期经验和数学学习的关键经验预先设计好活动方案，活动流程大致为"提出问题—操作材料—分享交流"，具体情况视幼儿反应为主。小组活动中，教师以促进幼儿的认知能力发展为己任，同时注重营造民主平等的活动氛围，以便培养幼儿的独立思考能力。可以说小组活动充分体现了回归本质的幼儿数学教育的理念。（表5-0-1）

表5-0-1 各年龄班小组活动汇总表

班级	关键经验	活动案例	关注的认知能力
小班	重点：计数 （1）进行唱数 （2）手口一致地点数并说出总数 （3）感知物体的数量，学习用数字表示，也能按数取物 （4）比较物体的数量，并按物体的数量排序	活动1：分分乐	能运用观察、比较的方法对实物进行分类；感知分类的概念
		活动2：变成一样多	通过观察、比较，发现两组物体的多和少；运用推理、判断解决将两组物体变成一样多的问题
		活动3：比一比，排一排	通过观察、比较、判断进行绳子长短的比较，尝试将物体按长短排序
		活动4：小熊玩球	综合运用观察、比较、判断等方法发现足球与熊的大小差别；运用自己的方法进行排列，学习通过独立思考来解决问题
		活动5：接着往下排	通过观察、比较，识别图形规律；运用记忆、推理来扩展规律，并继续排列下去
		活动6：分饼干	通过观察、比较、判断，感知图形特征
		活动7：点物对应	综合运用观察、比较进行分类、点数，感知数的实际意义

续表

班级	关键经验	活动案例	关注的认知能力
小班	重点：计数 （1）进行唱数 （2）手口一致地点数并说出总数 （3）感知物体的数量，学习用数字表示，也能按数取物 （4）比较物体的数量，并按物体的数量排序	活动8：卡片接龙	综合运用观察、比较和判断进行接龙；培养坚持到底的学习品质
		活动9：同样多的放一起	观察并找出和自己框里实物数量一样多的图形卡；培养记忆能力，只有记住自己卡上的数量，才能再去找相同数量的图形卡；培养不怕困难、积极解决问题等良好的学习品质
		活动10：排排乐	通过观察、比较发现规律；分析发现的规律，推理出后面的数量
中班	重点：数与数之间的关系 （1）继续发展计数能力和数概念 （2）感知和认识自然数的基数意义与序数意义及两者的关系 （3）按大小、长短、高矮、粗细差异对物体进行排序	活动11：小木片排排队	观察、比较图案模板，体会其中的排列特点与规律；在操作中发展观察和推理能力
		活动12：数物接龙	观察、比较，发现卡片上的异同点；在活动中感知数字的抽象意义
		活动13：我来数一数	结合生活中的物品，手口一致地点数物品，得出物品的总数；通过操作概括出物体的数量
		活动14：小动物坐火车	通过观察，推理、判断物体之间的位置关系，感知序列；喜欢参加操作活动，能积极探索
		活动15：点娃娃找糖果	通过游戏感知常见物体的数量；通过比较、推理、判断，感知10以内数量依次多"1"的关系
		活动16：图形火车	能用目测的方法判断、比较物体的特征；大胆讲述比较的结果，获得探索的乐趣
		活动17：图形找家	感知和发现常见几何图形的基本特征；按自己的标准进行分类，并尝试做标记
		活动18：纸片变变变	在已有经验的基础上，能创造性地进行图形演变；发展动手操作能力、想象力和思维能力
		活动19：看谁数得快	分享计数的方法，通过观察感知不同的数数方法；根据统计表进行分类，归纳出相同的数数方式
		活动20：数量排序	结合游戏数数，比较两样物体的多少；通过实际操作感知数与数之间的关系，并能进行排序
		活动21：快乐拼插	通过实际操作理解数与数之间差1的关系；在操作游戏中发展判断推理能力

续表

班级	关键经验	活动案例	关注的认知能力
大班	重点：感知、理解数与数之间的关系及运用"加"或"减"的办法来解决实际问题 （1）感知数的分解与组合，理解分解与组合中的等量、互补及互换关系 （2）能对物体和量进行等分，如二等分和四等分 （3）理解数与数之间的关系，运用"加"或"减"的办法来解决实际问题	活动22：铺小路	通过动手操作和观察发现物体的排列规律并进行排序；通过观察，寻找规律，并能发现小路中间空缺的规律
		活动23：图形变变变	在操作中感知图形之间的分合关系；综合观察图形，体验图形的不同拼接方法
		活动24：分实物	感知、理解数的分解与组合；在操作中运用归纳、总结的方法，感知数与数之间的关系
		活动25：剪刀、石头、布	在操作中感知"加"的实际意义——两个数合起来是多少；在解决问题的过程中发展分析推理能力
		活动26：黑白棋大赛	在操作中感知"加"的实际意义，知道两个数合起来是一个新的数；在解决问题的过程中发展分析推理能力
		活动27：制作桌布	感受、体验测量活动，寻找测量工具，学习测量方法；体验"提出问题—寻找方法—解决问题"的探索过程
		活动28：水有多深	测量水深，尝试推测水的深度；对测量的实物进行分类
		活动29：寻找密码	体验、感知数与数之间的关系；根据已有经验，尝试通过推理解决问题
		活动30：看电影	尝试根据电影票中的信息寻找座位；学习运用序数的相关知识解决问题

活动1：分分乐

关注的幼儿认知能力：

1. 能运用观察、比较的方法对实物进行分类；
2. 感知分类的概念。

活动材料：

1. 塑料图形片（每份三种颜色、两种形状、两种大小）。
2. 装有标记图的托盘一个，分类盒每人一个。

活动过程：

1. 观察图形片，自己尝试选择一种特征进行分类。

（1）每人一份图形片，一个分类盒。

（2）教师与幼儿一起，选择某一特征进行分类。（图5-1-1）

（3）把自己认为一样的图形片放在同一个格子里，并尝试表述出来。

2. 认识标记并用标记表示类。

从托盘里选择标记，并用它来表示已分好类的每一格图形片。（图5-1-2）

3. 尝试其他的分类方法，发现分类的多种标准。（图5-1-3）

图5-1-1　分一分

图5-1-2　用标记表示

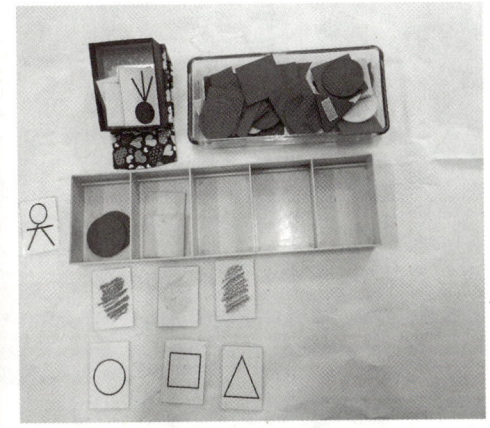

图5-1-3　活动材料

教师重点关注：

1. 教师应关注幼儿分类的过程和分类时采取的方式，判断幼儿是否运用了认知策略。

2. 对于个别始终无法做到按统一标准进行分类的幼儿，教师要学会倾听，顺着他们的思路去引导。例如，当有的孩子一会儿说按形状分，一会儿说按颜色分时，教师就顺着提醒："你可以试着一直按形状去分吗？"

活动2：变成一样多

关注的幼儿认知能力：

1. 通过观察、比较，发现两组物体的多和少；

2. 运用推理、判断解决将两组物体变成一样多的问题。

活动材料：

1. 6份材料（每份都有若干白石头或黑石头，每两份数量上相差1个）。

2. 教师另外再准备一些黑、白石头备用。

活动过程：

1. 观察两种物体并分类。

人手一份材料，按颜色分成两类。

2. 通过操作，观察、比较两组物体的多少。

观察黑石头和白石头是不是一样多，谁多，谁少？

3. 探究如何使两组数量变得一样多。（图5-2-1）

（1）提问：用什么方法可以使两种石头变得一样多？

（2）共同操作并相互分享自己的方法。（图5-2-2）

图5-2-1 变成一样多的

图5-2-2 活动材料

教师重点关注：

1. 在比较多少的过程中，教师要多观察，了解幼儿是用什么办法让它们变成一样多的，多给幼儿操作和表达的机会。

2. 幼儿很多时候会做，但还不一定会说，只要能用自己的语言去描述自己的行为就行，不要强求幼儿说得标准和完整。

活动3：比一比，排一排

关注的幼儿认知能力：

通过观察、比较、判断进行绳子长短的比较，尝试将物体按长短排序。

活动材料：

1. 几截长短有序的毛绳缠在线团上。
2. 每人一份材料（5种长短不一的物体或图片）。

活动过程：

1. 人手一根毛绳，比较长短。（图5-3-1）

（1）幼儿每人从教师手中的线团上抽取一截毛绳。

（2）相互比较长短，发现最长的一根和最短的一根。

2. 通过操作，探讨如何给毛绳排序。

3. 一起观察排好的毛绳，讨论排序的方法。（图5-3-2）

说说是怎样排的，小组讨论出排序时要注意的关键点。

4. 独立操作，进一步体验排序方法。

每人一份材料，独立操作，按物体的长短排序。（图5-3-3）

教师重点关注：

1. 在长短排序的活动中，可能很多幼儿在比较时会忽视让物体一端对齐，教师要注意观察并做正确引导。

2. 备课时要考虑幼儿的已有经验，在已有经验的基础上设置挑战，当幼儿难以完成时，可降低难度，引导幼儿感知3个物体的排序方法，或用范例板帮助幼儿练习。

图5-3-1 绳子比长短

图5-3-2 对5个物体进行长短排序

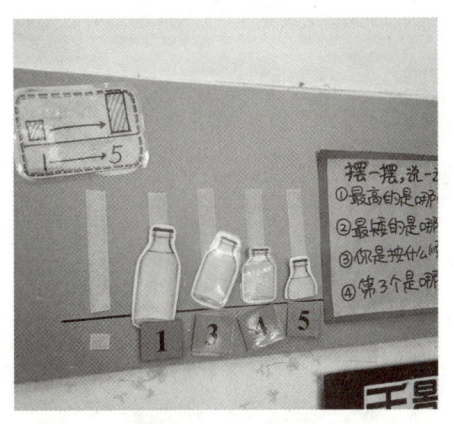

图5-3-3 活动材料

活动4：小熊玩球

关注的幼儿认知能力：

1. 综合运用观察、比较、判断等方法发现足球和熊的大小差别；

2. 运用自己的方法进行排列，学习通过独立思考来解决问题。

活动材料：

足球和熊（同比例增大的两组物体图片，每组数量为5）。

活动过程：

1. 观察两种材料，探讨足球和熊排列的方法。（图5-4-1）

（1）通过观察，发现足球和熊都存在大小差异。

（2）小组探讨足球和熊的排序规则。

2. 观察、比较，尝试按自己的方法一一对应地排出两个序列。（图5-4-2）

（1）独立操作，每人排出两个相关序列。

（2）教师注意观察不同幼儿不同的排列思路和方法，并做适当引导。（图5-4-3）

教师重点关注：

1. 在小组活动中，教师对幼儿的回应不能太快，应多给些时间让幼儿自己思考，并且教师在回应时要多用行动少用语言。

2. 为避免材料相互干扰，在活动中教师应注意保证材料大小适宜，有足够的摆放空间。另外，每组材料的大小差异越小，在排序时越能锻炼到幼儿的观察比较能力。

图5-4-1 给熊排队

图5-4-2 让熊和球对应排在一起

图5-4-3 拓展活动材料

活动5：接着往下排

关注的幼儿认知能力：

1. 通过观察、比较，识别图形规律；
2. 运用记忆、推理来扩展规律，并继续排列下去。

活动材料：

1. 全范例用AB模式排列的雪花片图形条。
2. 方块粒条（已按AB模式将两种颜色的拼接在一起），散的方块粒（红色、白色、蓝色、橙色）。

活动过程：

1. 观察全范例，通过一一对应的方式来感知AB模式。

每人一张范例，尝试按范例的模式排出一排雪花片。

2. 小组讨论，发现排列的共性。

相互说说自己的这组雪花片是怎样排列的，讨论发现的排列的共性。

3. 扩展AB模式。

（1）已按AB模式拼接好的方块粒条，每人一条。

（2）按照已有排列模式继续往下排，越长越好。

教师重点关注：

1. 在排列活动的初始，需要引导幼儿在实际操作及语言表达的节奏中感知序列的规律。这需要幼儿反复感知。

2. 结合日常，引导幼儿观察生活中按规律排列的物体，在游戏中也可以体验。在幼儿已有经验的基础上还可尝试让他们感知AABB模式、ABB模式、AAB模式。（图5-5-1至图5-5-3）

图5-5-1　AABB模式

图5-5-2　拓展活动材料1

图5-5-3　拓展活动材料2

活动6：分饼干

关注的幼儿认知能力：

通过观察、比较、判断，感知图形特征。

活动材料：

1. 纸箱（前后左右分别开四个洞可以将手伸进去），将三角形、正方形、圆形的卡片放入纸箱中。

2. 分别带有三角形、正方形、圆形嘴巴的小动物三只。

活动过程：

1. 游戏：摸饼干，感知图形特征。

（1）教师先出示一种图形，幼儿说说是什么图形，有什么特征。

（2）每人从箱子里摸出一个同类型的图形。

2. 游戏：喂饼干，按特征归类。

（1）出示带有三角形、正方形、圆形嘴巴的小动物。

（2）将图形按特征放入有相同形状的小动物的口中。

教师重点关注：

1. 活动中引导幼儿多去感受图形边缘的不同，结合生活，寻找和发现身边的图形。

2. 小组活动中的材料可以在活动后投放到区域中，作为区域材料让幼儿反复操作感知；还可以设置拼图形的材料，引导幼儿巩固对图形的认识，感知空间关系。（图5-6-1至图5-6-4）

图5-6-1 图形找家

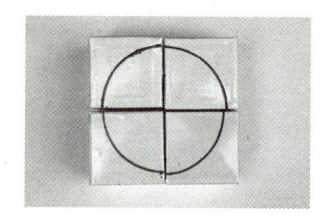

图5-6-2 拼圆形

图5-6-3 拼三角形

图5-6-4 图形拼贴

活动7：点物对应

关注的幼儿认知能力：

综合运用观察、比较进行分类、点数，感知数的实际意义。

活动材料：

1. 红、白石子，透明礼品纱袋。
2. 可粘贴的便笺纸，水彩笔。

活动过程：

1. 观察小石子，按特征分类。

（1）每人一份石子和两个礼品纱袋。

（2）将石子分成两类，并分别装入纱袋中。

2. 用点子等非正式方法表示数量。

（1）数数每个纱袋里的石子，在便笺纸上表示出它们的数量。

（2）把表征好的便笺纸对应贴在相应的纱袋表面。（图5-7-1至图5-7-3）

教师重点关注：

1. 幼儿在表示数量时，有的会用点子，有的可能已上升到直接用数字来表示数量。教师应注意观察，了解幼儿的实际水平并给予适宜支持。

2. 点、数、物的对应，还可以通过游戏或日常生活让幼儿反复体验。例如，进行相同次数的拍手、跺脚；过生日时，是几岁就插几根蜡烛；在区域里玩点物接龙的游戏等。

图5-7-1　画数字8

图5-7-2　点、线表征

图5-7-3　线条、数字表征

活动8：卡片接龙

关注的幼儿认知能力：

1. 综合运用观察、比较和判断进行接龙；
2. 培养坚持到底的学习品质。

活动材料：

点子接龙卡若干。

活动过程：

图5-8-1 商讨接龙方法

1. 每人抽出三张卡片，继续积累按数取物的经验。

出示全部接龙卡，教师和幼儿每人从里面抽出三张来。

2. 商讨接龙的方法，明确任务。

教师从自己的卡片中拿出一张，幼儿观察、比较教师卡片上点子的数量和自己卡片上点子的数量。师幼一起商定接龙方法，并按一定方向轮流出牌接龙。（图5-8-1）

图5-8-2 按数量接龙

3. 尝试按数量接龙，体验合作的乐趣。

第一轮：先接第一张卡片的一边，教师用手势引导幼儿按规则接龙。对于不能判断数量是否一样多的幼儿，可放慢速度。

第二轮：卡片两边同时接龙，即和开头的第一张卡片另一边点子数量一样多的也可以接在一起。（图5-8-2）

图5-8-3 两头接龙

第三轮：待幼儿熟练后，速度可以更快一些。（图5-8-3）

4. 全部卡片都接上了，可以点数一共接了多少张。

教师重点关注：

1. 教师应注意观察，及时调整卡片的数量和大小，以便于幼儿操作。同时注意接龙时应使幼儿的活动范围相对集中些。

2. 在小组活动中，教师在提高幼儿认知能力的同时也要渗透对其社会规则意识的培养。

活动9：同样多的放一起

关注的幼儿认知能力：

1. 观察并找出和自己框里实物数量一样多的图形卡；
2. 培养记忆能力，只有记住自己卡上的数量，才能再去找相同数量的图形卡；
3. 培养不怕困难、积极解决问题等良好的学习品质。

活动材料：

1. 若干图形卡（图形数量为3~7）用托盘装好。
2. 点子卡五张，其中点子数量为3~7，点子卡分别贴在5个小筐上。

活动过程：

1. 观察筐上的点子卡和托盘里的图形卡，发现等量关系。

（1）每人一个带点子卡的小筐，教师出示装有图形卡的托盘。

（2）观察、发现图形和点子的数量关系。（图5-9-1、图5-9-2）

2. 自由操作，按数量找出图形卡。

数一数上面的数量，从中间托盘里找出和自己筐上点子卡中点子数量一样多的图形卡。

3. 反复观察，感知等量关系。

（1）观察自己筐里的图形卡，判断上面图形的数量和点子卡上点子的数量是否一样多。

（2）可出示几张数量更多一些的图形卡，以便先完成的幼儿尝试进行再判断。

教师重点关注：

1．在对数概念的探索中，幼儿一般是先按数量标志去归类，尝试按数量分类后再用点子表示一类数量。但活动中教师要根据幼儿的经验来挑战幼儿相应的能力。

2．小班阶段会反复使用到各种点子卡、图形卡及数字卡，所以教师在准备这些材

图5-9-1 点数卡片　　　　　　　　图5-9-2 比较点子数量

料时需要充分考虑各种情况,尽量制作得精致耐用一些。

活动10:排排乐

关注的幼儿认知能力:
1. 通过观察、比较发现规律;
2. 分析发现的规律,推理出后面的数量。

活动材料:
1. 范例板(三列和瓶盖一样大的点子,每列点子的数量依次多1)。
2. 瓶盖若干,数字卡1~10(每人一份)。

活动过程:
1. 观察范例板,找出每列点子间的数量关系。
(1)观察范例板,比较范例板上三列点子的数量,小组一起讨论点子的排列规律。
(2)依据探讨出的规律推测出第四列的点子的数量。
2. 尝试独立运用递增关系,接着往下排。
(1)根据每列依次多1的递增规律,在范例板上接着用瓶盖排出后面的序列。
(2)教师和幼儿一起操作,并观察幼儿的排列方法。
(3)尝试用数字来表示摆好的每一列瓶盖的数量。(图5-10-1、图5-10-2)

教师重点关注:
1. 活动中,要留给幼儿充足的时间和足够的机会尝试自己的想法,不要求结果一定正确,教师要注意观察幼儿在操作时认知能力是否得到了锻炼,以及他们所达到的认知水平。
2. 在感知数的顺序时,若个别幼儿已经理解、掌握了方法,并摆好了接下来的几个序列,教师可以引导幼儿突破框架,继续往下摆。

(以上为小班小组活动案例,由周满娣老师撰写并整理。)

图5-10-1 依次递增排

图5-10-2 两种排法

活动11：小木片排排队

关注到的幼儿认知能力：

1. 观察、比较图案模板，体会其中的排列特点与规律；
2. 在操作中发展观察和推理能力。

活动材料：

1. 图案模板若干。
2. 实物若干，如彩色圆木片等。

活动过程：

1. 观察图案模板，感知图案排列的规律。

（1）出示各种图案模板，幼儿随意选取一个图案模板进行观察，了解上面图案排列的规律。

（2）共同讨论发现规律："这些图案模板有什么不一样吗？它们是怎样排列的？"

（3）小结：这些模板上的图案都是按一定规律排列的。

2. 提供实物进行操作，体会图案模板上的排列规律。

（1）提供彩色圆木片，根据图案模板上的排列规律摆放木片。

（2）共同操作体验，根据规律接着有规律地进行延续和扩展。

（3）教师根据幼儿摆放的情况，再次提供不同的图案模板，让幼儿再次尝试操作，探索图案排列的规律。（图5-11-1、图5-11-2）

教师重点关注：

1．提供的图案模板可以起到"支架"的作用，幼儿通过充分的操作尝试、比较分析，获取了一些逻辑经验。

2．教师可根据幼儿的能力情况提供从简单到复杂的不同难度的排列模板，并鼓励幼儿尝试自己创造出新的排列规律。

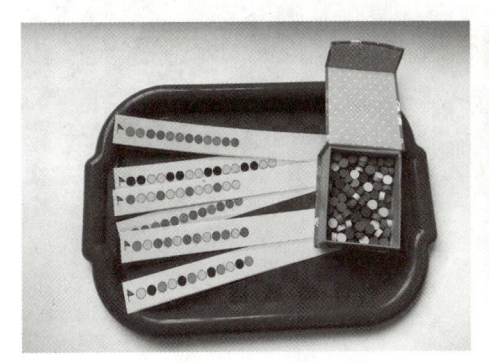

图5-11-1　活动材料　　　　图5-11-2　摆放木片

活动12：数物接龙

关注的幼儿认知能力：

1. 观察、比较，发现卡片上的异同点；
2. 在活动中感知数字的抽象意义。

活动材料：

数物接龙卡若干。

活动过程：

1. 出示卡片，进行观察讨论。

（1）提供数物接龙卡片，随意抽取一张卡片。

（2）观察卡片，卡片一端是物群，一端是数字。发现卡片上的异同点。

提问："从卡片上发现了什么？"

（3）再次讨论、观察卡片上相同和不同的内容，如"卡片上的数字和物体的数量有什么相同和不同的地方？"

2. 自由探索接龙的方式。

（1）数一数物群卡上有几个物品，找到相应的数字卡接上。

（2）讨论游戏规则，尝试体验接龙游戏。

（3）再次体验，自由分组，进行数物接龙游戏。（图5-12-1、图5-12-2）

教师重点关注：

1. 幼儿在游戏中积累了数物对应的经验即可。
2. 通过游戏操作的方式，引导幼儿体验数字的抽象意义。

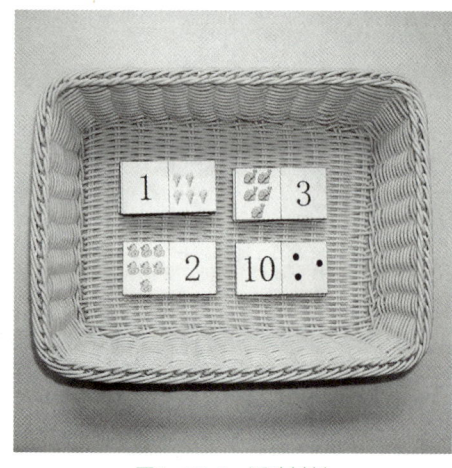

图5-12-1　活动材料　　　　图5-12-2　进行接龙游戏

活动13：我来数一数

关注的幼儿认知能力：

1. 结合生活中的物品，手口一致地点数物品，得出物品的总数；
2. 通过操作概括出物体的数量。

活动材料：

1. 数字卡（1~10）若干。
2. 实物，如小石子、玩具小人、彩色木棒、瓶盖等。

活动过程：

1. 经验交流。

（1）出示小石子，每人随手抓一把进行点数，并说出总数。

（2）教师："我们每人手上都有小石子，你们知道小石子有多少个吗？"

（3）教师请幼儿数一数，让其他幼儿仔细观察他是怎么数的。

2. 提供实物和数字卡，体验数物对应。

（1）数一数自己拿的实物有多少个，找出相应的数字卡。

（2）师幼共同交流、验证：是否将数字卡与相同数量的物体对应正确了。

3. 操作尝试。

（1）幼儿自由寻找不同的材料，数一数，并用数字卡表示自己点数的物品总数。

（2）教师观察、了解幼儿在操作过程中使用的不同的数数方法。（图5-13-1）

教师重点关注：

1. 当幼儿可以手口一致地点数10个以内的物体时，教师可以提供更多的物体鼓励幼儿继续点下去。

2. 教师应关注幼儿说出的数词与手点的物体是否一一对应。

图5-13-1 点数对应物体

活动14：小动物坐火车

关注的幼儿认知能力：

1. 通过观察，推理、判断物体之间的位置关系，感知序列；
2. 喜欢参加操作活动，能积极探索。

活动材料：

1. 实物图片若干（10种小动物、10节车厢）。
2. 数字卡片若干（1~10的序数卡）。
3. 玩具方块粒若干。

活动过程：

1. 观察、感知10以内物体排列的顺序。

（1）出示贴有10种小动物的火车，观察小动物分别在第几节车厢里。

提问："这列火车有几节车厢呢？小动物们谁排在第一？谁排在第二？……"（幼儿自己决定数的方向，如从左开始数或从右开始数。）

（2）出示序数卡片（1~10），摆放序数卡表示物体排列的顺序。

"小动物们要记住自己坐在第几节车厢，可车上没有号码，怎么办呢？"（请小朋友给每节车厢编上号码。）

（3）共同讨论：根据车厢的顺序，判断出某一种动物在第几节车厢里。提问："第5节车厢里是哪种小动物？"

2. 操作游戏：尝试按物体的数量排列顺序。

（1）出示方块粒请幼儿拼插出1~10的数棒。

（2）幼儿自己决定排列的方向，按数量多少排出序列。

（3）共同讨论，检查序列，并比较相互之间有什么一样或不一样的地方。

（4）摆放序数卡，表示排列好的数棒的次序。

（5）反复体验，感知数棒的次序。例如，提问："有3个立方体的排在第几位？有8个立方体的排在第几位？"（图5-14-1至图5-14-3）

教师重点关注：

围绕关键经验教师可以多提问几次，让幼儿多操作几次，从而使其充分感知、理解数的序列。

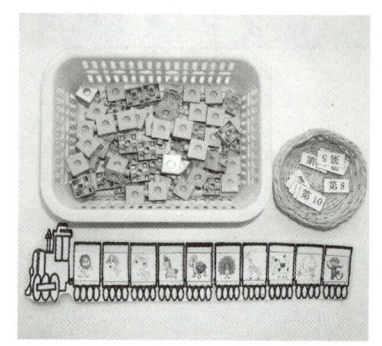

图5-14-1　活动材料　　　图5-14-2　摆放序数卡　　　图5-14-3　拼插数棒

活动15：点娃娃找糖果

关注的幼儿认知能力：

1. 通过游戏感知常见物体的数量；
2. 通过比较、推理、判断，感知10以内数量依次多"1"的关系。

活动材料：

1. 点子卡若干（1~10）。
2. 实物若干，如纽扣、石子、珠子等。

活动过程：

1. 比较点子卡，初步感知数量。

（1）出示"点娃娃"，每人随意抽取一张点子卡。提问："这些点娃娃有什么不同吗？"

（2）通过观察"点子卡"，进行数量比较，初步体验数量关系。

提问："点娃娃身上有几个点？数一数你们手里的点娃娃身上的点。"

2. 出示五张数量不同的点子卡，进行排序。

观察五张数量不同的点子卡，通过目测找出数量最多的，再从剩下的四张中找出数量最多的，依次进行直到只剩最后一张，并将它们按数量顺序摆放。

3. 尝试根据数量排序，初步感知10以内的数序。

（1）每人一套1~10的点子卡，按点子卡上点子的数量进行排序。

（2）感知、体验10以内数量依次多"1"的关系，按"从少到多"或"从多到少"的顺序排序。（图5-15-1、图5-15-2）

图5-15-1　活动材料

图5-15-2　摆放实物比较

教师重点关注：

1. 为了帮助幼儿更好地在数量排序中体会数量的递增关系，教师可提供一些操作结果能够给幼儿留下更深的视觉印象的操作材料。

2. 在幼儿操作过程中，教师应根据幼儿对数量大小掌握的情况，对材料进行调整。

活动16：图形火车

关注的幼儿认知能力：

1. 能用目测的方法判断、比较物体的特征；
2. 大胆讲述比较的结果，获得探索的乐趣。

活动材料：

1. 三种图形拼图。
2. 记录笔、记录纸。

图5-16-1 活动材料

图5-16-2 观察记录

活动过程：

1. 出示拼图，引起兴趣。

（1）出示火车拼图，观察拼图里的图形特征并进行比较。

提问："我们火车拼图的图形片是什么样的？每一种图形有多少个？"

（2）共同观察、判断，根据某一属性进行分类。

提问："每一种有几个，记录下来。"

（3）观察分析，思考拼图上有哪三组图形，如"红的三角形，黄的三角形，蓝的三角形"。

2. 尝试操作，比比说说。

（1）进行数量比较，比一比，哪个多？哪个少？

提问："哪种图形最多？哪种图形最少？"

（2）判断比较：多多少，少多少。

3. 共同分享，展示自己的记录结果。（图5-16-1、图5-16-2）

教师重点关注：

1. 鼓励幼儿自己确定按什么维度分类。
2. 帮助幼儿学习"用最简单的方法，把每一种形状记录下来"，不要求有统一标准。

活动17：图形找家

关注的幼儿认知能力：

1. 感知和发现常见几何图形的基本特征；
2. 按自己的标准进行分类，并尝试做标记。

活动材料：

1. 实物图形片若干。
2. 记录纸、笔。
3. 分类盒。

活动过程：

1. 观察图形片，了解图形的基本特征。

（1）引导幼儿观察图形片，说出它们的特征。教师："这里有许多图形宝宝，看看都有哪些图形宝宝呢？它们哪里一样？哪里不一样？"

（2）尝试按图形片的某一特征进行分类。教师："给这些图形片分一分类，你觉得它们是一家的就将它们送回家。"

（3）共同操作、体验，并分享分类的结果。

2. 共同观察、讨论、分析、比较，尝试做标记。

（1）看图形做标记，幼儿尝试操作：尝试用自己的表征方式将图形的特征记录下来。

（2）相互分享：完成的幼儿分享自己的分类方法及标记方式。（图5-17-1、图5-17-2）

图5-17-1　活动材料

教师重点关注：

1. 教师可以引导幼儿仔细观察材料，充分思考按什么条件分、怎样分，鼓励幼儿表达和交流分类的结果。

2. 教师还可以设计一些有生活意义的分类活动。

图5-17-2　比较图形片

活动18：纸片变变变

关注的幼儿认知能力：

1. 在已有经验的基础上，能创造性地进行图形演变；
2. 发展动手操作能力、想象力和思维能力。

活动材料：

1. 各种图形纸片若干（直角三角形、等腰三角形、扇形、半圆形、正方形、长方形）。
2. 剪刀。

活动过程：

1. 出示图形纸片，体会图形的变化。

（1）出示各种图形纸片，进行观察，归纳有哪些图形。

（2）随意抽取一张图形纸片折一折，将一个图形变成另一个图形。任务要求："将图形纸片对折，它会变成什么图形？"

（3）自由体验，探索图形的变化。

（4）共同分享、演示变化的结果，体验将一个图形变成另一个图形。

2. 思考并操作体验。

（1）尝试将一个图形剪成两个或两个以上的图形。

（2）经验拓展：将剪过的图形再组合起来。

（3）共同分享、演示组合的结果，如两个三角形变成正方形，两个长方形变成正方形。（图5-18-1、图5-18-2）

教师重点关注：

1．活动中要引导幼儿感知各种图形的变化，不需要强制教授形状的概念。
2．教师要支持幼儿在小组活动中相互学习。

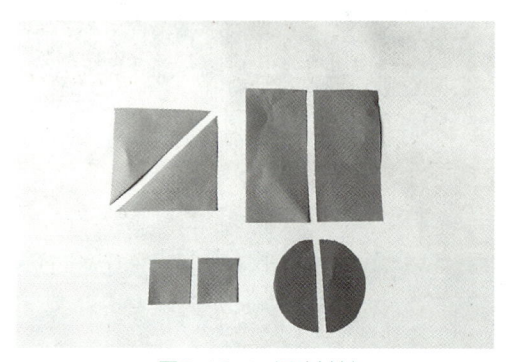

图5-18-1　活动材料　　　　图5-18-2　操作体验图形的变化

活动19：看谁数得快

关注的幼儿认知能力：

1. 分享计数的方法，通过观察感知不同的数数方法；
2. 根据统计表进行分类，归纳出相同的数数方式。

活动材料：

1. 计数用的小实物，如石子、豆子、玉米粒等。
2. 记录表、笔、秒表。

活动过程：

1. 提供实物进行数数，看谁数得快。

教师和幼儿一起进行数数，并说出结果（总数）。

2. 游戏：记录、分享各种计数的方法。

（1）教师记录下第一位数完并报出总数的幼儿。

（2）共同分享，归纳、统计出计数快的几种方式。

（3）讨论：教师与第一位完成的幼儿比赛，看谁的计数方法快。

①根据自己的经验猜一猜，谁的计数方法快？

②教师与第一位完成的幼儿，再进行数数验证，看哪种计数方法快，并记录时间。

3. 再次挑战，用快速的方式数数。

增多实物的数量，再次尝试用最快的方式进行数数。记录下先说出总数的幼儿。（图5-19-1）

教师重点关注：

1. 计数的材料应选择容易目测的实物，一眼就看到有几个，同时结合幼儿的手指大小，选择便于抓拿的实物。

2. 分享数数的方式时，教师要通过提问、示范等方式挑战幼儿的思维和已有经验，帮助幼儿归纳出相同的数数方式有哪些，计数快的有哪些。

图5-19-1 进行数数

活动20：数量排序

关注的幼儿认知能力：

1. 结合游戏数数，比较两样物体的多少；
2. 通过实际操作感知数与数之间的关系，并能进行排序。

活动材料：

1. 数字卡6～10（人手一份）。
2. 图片物群卡（物体数量为6～10）一份。
3. 实物小玩具5种，数量分别为1～10（人手一份）。

活动过程：

1. 观察图片，感知卡片上图案的数量。

（1）出示物体数量为6～10的物群卡，每人随意抽取一张，数一数卡上的物体数量。

（2）分享自己点数的结果，并把数量一样多的卡片放在一起。

2. 将物群卡按数量多少进行排序。

（1）给卡片排序，迁移以往的排序经验，解决一数多卡的排序问题。

（2）出示数字卡6～10，找出与物群卡上数量对应的数字卡，并用数字卡来表示。

（3）拿出小玩具，数数每种有多少，按从少到多的顺序排队，再找出相对应的数字卡。（图5-20-1、图5-20-2）

教师重点关注：

当幼儿出现困难时，教师需根据观察给予幼儿不同的支持策略，或等待幼儿自己解决，或鼓励同伴互动、相互学习从而尝试解决，教师不要急于给出答案，而要将之作为挑战幼儿思维的学习机会。

图5-20-1 活动材料

图5-20-2 进行数量排序

活动21：快乐拼插

关注的幼儿认知能力：

1. 通过实际操作理解数与数之间差1的关系；
2. 在操作游戏中发展判断推理能力。

活动材料：

1. 数字卡（1~10）1套。
2. 方块拼插玩具（如方块粒）若干。
3. 操作单、记录笔。

活动过程：

1. 复习数物对应。

（1）出示方块粒和10以内的数字卡，每人随意抽取一张数字卡。

（2）根据数字卡上的数字，点数相应数量的方块粒并拼插成数棒。

2. 感知排序，比较数的关系。

（1）将拼好的方块粒（数棒）进行排序，提问："将拼插好的数棒排一排，应该怎么排？"

（2）共同思考、讨论，如4（数棒）为什么排在5（数棒）的前面？6（数棒）为什么排在5（数棒）的后面？

（3）观察并分享，教师取走其中一根数棒，引导幼儿感知发现两数之间差1的关系。提问："我拿走的是几？应该放在哪里？为什么？"

3. 复习、巩固并感知数差的关系。

（1）出示操作单，并观察表格，推理出空白的格子里数量相差1。

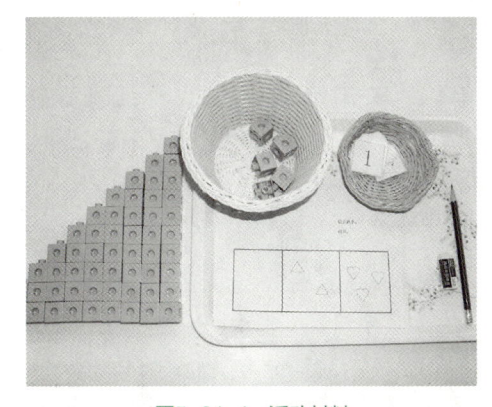

（2）再次尝试操作。（图5-21-1、图5-21-2）

图5-21-1 活动材料

图5-21-2 将数棒进行排序

教师重点关注：

1. 在个别幼儿对数量差1的关系还未完全理解时，教师可以提供数棒让幼儿摆一摆，并进行观察、比较。

2. 讨论两数之间差1的关系时，教师要多关注幼儿是怎样观察事物、分析事物、思考问题的，最后引导幼儿总结自己发现的方法。

（以上为中班小组活动案例，由郑培芳老师撰写并整理。）

活动22：铺小路

关注的幼儿认知能力：
1. 通过动手操作和观察发现物体的排列规律并进行排序；
2. 通过观察，寻找规律，并能发现小路中间空缺的规律。

活动材料：
1. 实物，如彩色石头、彩色笔盖、瓶盖等。
2. 记录纸和笔。

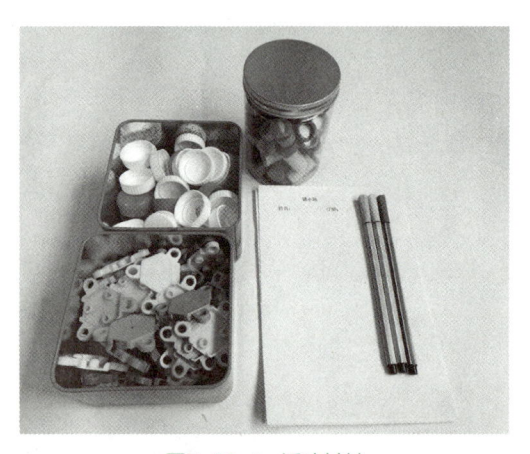

图5-22-1 活动材料

图5-22-2 操作实物进行排序

活动过程：

1. 幼儿通过已有经验对物体进行排列。

（1）出示实物：今天我们要用这些实物铺一条有规律的小路。

（2）自由操作铺小路。

2. 教师与幼儿一起观察、讨论，用语言表达，分析出小路是如何排列的。

（1）大家一起观看所有铺好的小路，找出一条按照一定规律铺好的小路进行分享。

（2）大家讨论，总结出自己铺的小路采用了什么样的排列模式。（ABC、AABBC等）

（3）继续操作，没有排列出的幼儿重新进行排列。（图5-22-1、图5-22-2）

3. 通过观察寻找规律，并能发现小路中间空缺的规律。

（1）将实物按一定规律排序，排

好之后用自己的方式记录下来。

（2）在游戏的过程中，给非常熟练的幼儿新的挑战：从已按规律排好的小路中抽掉3~4个物体（保留第一个规律），再进行排序，并记录下来。

教师重点关注：

1. 观察幼儿对"规律"是否理解，帮助有困难的幼儿在操作中寻找规律。
2. 要准备便于幼儿观察的物体，实物不能太大，避免相互碰撞，影响幼儿操作。

活动23：图形变变变

关注的幼儿认知能力：

1. 在操作中感知图形之间的分合关系；
2. 综合观察图形，体验图形的不同拼接方法。

活动材料：

1. 已分割好的各种图形。
2. 正方形的纸、剪刀。

活动过程：

1. 出示各种图形，并提出问题：这里有各种图形，用自己选择的图形拼成一个长方形。

2. 拼图形。

（1）用各种图形进行长方形的拼接，自由地进行体验、探索。

（2）师幼共同分享拼接的方法：你是用什么图形拼接成长方形的？

3. 分图形。

（1）出示一张正方形的纸，提出任务：这是一张正方形的纸，请用自己的方法把它剪成其他的任何图形，剪成的图形还需要继续拼接成正方形。

（2）运用折叠、剪等辅助方法进行操作。

（3）大家相互分享用正方形剪成的图形。

4. 自由进区活动。（图5-23-1、图5-23-2）

教师重点关注：

1. 教师准备的拼接时使用的图形不能太复杂；在分割正方形时，要关注幼儿分割图形的方法，提醒幼儿分割的图形需要还原成正方形。

2. 教师要鼓励幼儿同伴间相互学习，帮助遇到困难的幼儿完成任务，注意培养幼儿的专注力和坚持性。

图5-23-1　拼图形　　　　　　　　　图5-23-2　分图形

活动24：分实物

关注的幼儿认知能力：

1. 感知、理解数的分解与组合；
2. 在操作中运用归纳、总结的方法，感知数与数之间的关系。

活动材料：

1. 实物若干（如糖果）、袋子若干、数字卡片（1~10）、扑克牌。
2. 记录纸和笔。

活动过程：

1. 分一分，将实物分成两份。

（1）有一堆糖果，如8个，把它们装进两个袋子里。

（2）大家分别把糖果装进两个袋子里，用数字卡片表示并记录下来。

2. 运用归纳、总结的方法，观察记录的分合式。

（1）师幼共同分享自己的分解方法，教师板书出所有记录的分合式，让幼儿观察板书中的分合式是否有相同的。

（2）讨论：出现相同的分合式怎么办？采纳一种大家共同讨论得出的方法。（划掉、打叉……）

（3）最后统计出数字8的分解有几种方法。

3. 师幼共同体验扑克牌游戏，进行其他数字的分解与组合。

（1）拿出一张扑克牌，如9，找一找哪两个数合起来是9。

（2）运用实物进行验证，练习其他数的分解与组合的方法。（图5-24-1、图5-24-2）

教师重点关注：

1. 支持幼儿以多种方式对数进行分解与组合。

2. 对于能力弱的幼儿要给予他们充足的思考时间。

3. 培养幼儿养成小组学习时遵守规则、注意倾听等习惯。

图5-24-1　用石头进行数的分解与组合　　　图5-24-2　用扑克牌进行数的分解与组合

活动25：剪刀、石头、布

关注的幼儿认知能力：

1. 在操作中感知"加"的实际意义——两个数合起来是多少；
2. 在解决问题的过程中发展分析推理能力。

活动材料：

1. 实物若干（如石子）。
2. 记录纸和笔。

活动过程：

1. 师幼共同回忆游戏"剪刀、石头、布"。

（1）提问："剪刀、石头、布"的游戏是怎么玩的，有什么规则？

（2）出了同样的手势怎么办？

2. 体验：两次抓的石头合起来是多少？

（1）出示实物，交代游戏规则：两人一组，结伴玩游戏"剪刀、石头、布"。

（2）每赢一次游戏，抓一把石头，赢两次为一轮，把每次抓的石子的数量记录下来。

（3）游戏后，分享交流：你赢了多少石头？

3. 通过分享，理解：合起来是多少？

（1）赢的幼儿说出自己的石头的总数量，教师提出问题：你怎么知道有多少个石头?

(2) 师幼共同体验,分析出:把每次赢得的石头加起来,就知道有多少个石头了。

(3) 多次体验游戏,理解:合起来是多少?(图5-25-1、图5-25-2)

教师重点关注:

1. 活动中引导幼儿感知数与数之间的关系,如两个数合起来是一个新的数。

2. 对记录方式不做统一要求,鼓励幼儿用自己的方式记录,可以是数字、点子、符号等。

图5-25-1 结伴玩游戏"剪刀、石头、布"

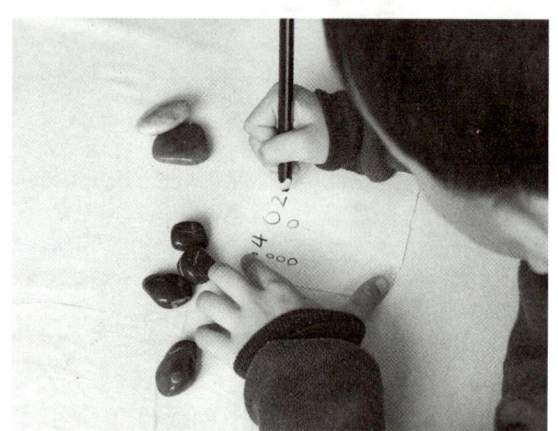

图5-25-2 记录石头的数量

活动26:黑白棋大赛

关注的幼儿认知能力:

1. 在操作中感知"加"的实际意义,知道两个数合起来是一个新的数;

2. 在解决问题的过程中发展分析推理能力。

活动材料:

1. 围棋子若干、棋盘若干、数字卡片(1~10)。

2. 记录纸和笔。

活动过程:

1. 合作摆数字。

(1) 出示围棋:"今天我们要用围棋来比赛。"

(2) 师幼共同游戏:抽取数字卡片,如9,运用黑白两子合作摆出数字9,要求摆法不能重复。

（3）尝试把摆数字的过程用自己的方式记录下来。

2. 黑白棋对抗。

（1）游戏规则：两名幼儿共同游戏，一人执白棋，一人执黑棋，利用转盘转出一个数字，如8，用剪刀、石头、布的方式决定谁走棋，赢的人落一颗棋子，输的人不落棋子，落下第8颗棋子后停止，并尝试用自己的方式记录盘面上自己的棋子数。

（2）大家结伴玩游戏，自由选择棋子的颜色。（图5-26-1、图5-26-2）

教师重点关注：

1. 本次活动旨在引导幼儿在游戏中通过实物操作感知、体会数与数之间的关系，如一个数可以由两个数合起来组成。

2. 活动中"幼儿用何种办法解决问题"是教师的关注重点，记录单可以直观地反映幼儿的思考过程，但对记录方式不做统一要求，鼓励幼儿用自己的方式记录，可以是数字、点子、符号等，只要真实地反映其操作过程即可。

图5-26-1　抽取数字卡片

图5-26-2　黑白棋对抗

活动27：制作桌布

关注的幼儿认知能力：

1. 感受、体验测量活动，寻找测量工具，学习测量方法；
2. 体验"提出问题—寻找方法—解决问题"的探索过程。

活动材料：

1. 实物若干，如布、木棍、铅笔、吸管等。
2. 记录纸和笔。

活动过程：

1. 给小桌子做桌布。

（1）娃娃家的小桌子需要做一块漂亮的桌布，现在的这块布放上去看起来太大了，提出问题：大家有什么好办法吗？讨论：可以把布剪一下。

（2）提出问题：那需要剪多少呢？

（3）讨论：可以用东西测量一下小桌子的长度。讨论测量的多种方法：用手一拃一拃地量，用铅笔量……

2. 师幼共同测量小桌子的边长。

（1）大家选择喜欢的测量工具测量小桌子的边长，并记录结果。

（2）展示、交流测量结果：你选择了什么测量工具，桌布需要多长、多宽？

3. 确定桌布的裁剪方法。

（1）提出问题：测量好桌布后，怎样做才能方便地裁剪呢？

（2）说出自己的想法："在测量的位置折一下""不对，布是软的，折起来没有痕迹，还是剪不了""可以用笔画线条"……

4. 教师与幼儿一起裁剪桌布，探索正确的测量方法。

（1）裁剪好后，放在桌子上对比一下，有没有发现什么？提出问题：为什么我们制作的桌布与桌子的四周不符合呢？

（2）讨论出测量的方法。

（3）我们要用工具测量，如铅笔，用铅笔先测量桌子的长度，找到测量的起始点，沿着边线测量，首尾相连，直到把它量完；再拿铅笔用同样的方法测量桌布。

（4）进行第二次裁剪。

活动延伸：可在区域中继续测量其他物体。（图5-27-1、图5-27-2）

图5-27-1 测量桌子

图5-27-2 测量桌布并记录

教师重点关注：

1. 在测量过程中，教师不要急于帮助幼儿找到解决问题的方法，可通过等待、观察、提问的方式让幼儿自己寻找到解决问题的方法，培养其思维能力。

2. 活动中，注意观察幼儿是怎样测量与记录的。

活动28：水有多深

关注的幼儿认知能力：

1. 测量水深，尝试推测水的深度；
2. 对测量的实物进行分类。

活动材料：

1. 实物若干，如装满水密封好的高矮不等的饮料瓶、长短不等的木棍。
2. 用盆或桶装水，水能淹没饮料瓶或木棍的一部分（这两种材料垂直地放进水里时）。
3. 记录纸和笔。

活动过程：

1. 推测哪些实物可能被淹没。

（1）这里有什么？提出问题：猜一猜我们竖着把它们放在盆里的水中，哪些会被水淹没，哪些不会？

（2）大家一起实验：拿着实物一个一个地试。

（3）提出疑问：如果我们不用一个一个地试，还有没有其他的办法知道哪些会被水淹没，哪些不会呢？

2. 测量水深。

（1）大家一起讨论，说出自己的想法，如用尺子量、用手试一下……

（2）教师与幼儿一起操作实验，用不同的方式进行测量。（图5-28-1、图5-28-2）

图5-28-1 用实物试水深

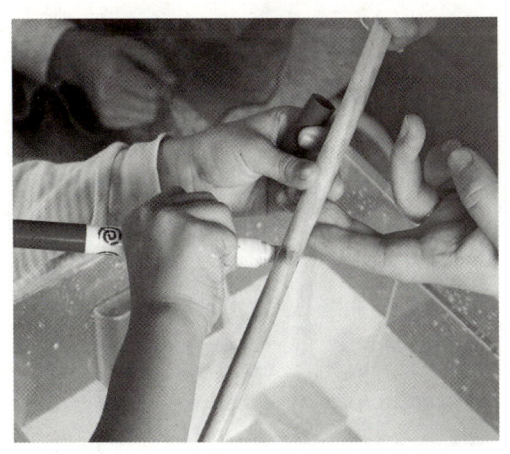

图5-28-2 在棍子上做记号记录水的深度

（3）提出问题：到底哪些实物会被淹没呢？

（4）师幼共同观察、讨论：需要用一根比水深高的实物当尺子，在实物上标好水的高度。

（5）选择实物进行测量。

3. 分类。

大家分享自己的测量结果，并把测量的实物分成两类：会被淹没的和不会被淹没的。

教师重点关注：

1. 启发幼儿找到测量水深的参照物。

2. 不追求测量的结果，鼓励幼儿大胆猜测水的深度，主动寻找方法测量水深。

活动29：寻找密码

图5-29-1 观察、讨论密码卡片

图5-29-2 寻找卡片上缺失的数字

关注的幼儿认知能力：

1. 体验、感知数与数之间的关系；

2. 根据已有经验，尝试通过推理解决问题。

活动材料：

1. 密码卡片、数字卡片若干。

2. 空白卡片和笔。

活动过程：

1. 观察密码卡片。

（1）出示密码卡片。

提出问题：观察卡片上的密码数字，你发现了什么？

（2）师幼共同观察、讨论、分享，如我的密码卡片上是2，5，7，2和5可以合成7，7可以分成2和5……（图5-29-1）

2. 寻找密码卡片上缺失的数字。

（1）出示缺失一个数字的密码卡片，请幼儿帮忙：请根据卡片上的两个密码数字，找到第三个密码数字，把密码卡片补充完整。（图5-29-2）

（2）师幼共同操作：通过推理、分析，寻找缺失的密码数字，并贴在密码卡片上。

3. 设计密码卡片。

（1）请你设计一张密码卡片。

（2）相互分享：你的密码卡片是怎样设计的？

教师重点关注：

1. 此活动应在幼儿感知、理解数的分解与组合，以及"加"的实际意义后进行。卡片上的三个数之间是有关系的，活动中要帮助幼儿进一步感知数与数之间的关系。

2. 活动中应着重关注幼儿观察、分析、推理的过程。

活动30：看电影

关注的幼儿认知能力：

1. 尝试根据电影票中的信息寻找座位；
2. 学习运用序数的相关知识解决问题。

活动材料：

1. 电影票若干。
2. 设置好"看电影"的情境。

活动过程：

1. 教师与幼儿交流看电影的经验。

（1）今天我们去小剧场看电影，提出问题：在电影院里可以随便坐吗？

（2）大家一起讨论：需要购买电影票，根据电影票来找座位。

2. 发放电影票，理解电影票中序数的意义。

（1）师幼共同观察电影票中的信息，提出问题：电影票中有两个数字，怎样才能依据电影票找到正确的位置？

（2）大家一起讨论电影票上数字的意义：前面的数字表示排，后面的数字表示座位号；先看在哪一排，再看在哪儿坐。

3. 观看电影，运用序数的相关知识寻找座位。

（1）在班级中，设置一个模拟的电影院，看看我们设计的电影院有几排座位？

（2）大家根据电影票寻找自己的座位。

（3）检票：验证幼儿的座位，解决幼儿出现的问题，如为什么找不到座位？

（4）播放电影。（图5-30-1、图5-30-2）

教师重点关注：

1. 观察幼儿在寻找自己的座位时运用的方法。
2. 个别幼儿对电影票中的排和座会混淆，可通过提问帮助幼儿弄明白。

（以上为大班小组活动案例，由张云老师撰写并整理。）

图5-30-1　观察电影票　　　　　　　　　图5-30-2　根据电影票找座位

第六章 幼儿数学区域操作材料

区域活动是华富幼儿园数学教育的重要组成部分，以幼儿的自主独立操作为主，教师的作用主要体现在材料的提供及对幼儿的观察和适时的指导上。区域活动的作用包括两个方面，一方面可以辅助幼儿复习巩固已有的数学概念，另一方面教师根据幼儿在区域活动中的表现，可以了解幼儿的已有经验，设计新的区域活动和小组活动。

第一节 集合

（一）名称：卡片回家

关键经验：通过点数，按数量进行归类。（图6-1-1、图6-1-2）

适用班级：小班。

材料：托盘、图形卡。

玩法：幼儿根据托盘上点子的数量，将图形卡放到相应的盘子里。[1]

小提示：

对于此份材料也可设置多个托盘，多人合作，找出和自己托盘中点子数量相同的卡片。

图6-1-1 卡片回家　　　　图6-1-2 点数卡片

[1] 本书书中介绍的只是玩法梗概，教师可视幼儿情况做适当延伸或调整。

（二）名称：鲜花棋盘

关键经验：观察发现物体的内在特征并描述出来。（图6-1-3、图6-1-4）

适用班级：小班。

材料：两个骰子、鲜花棋盘、两种不同颜色的石子。

玩法：1. 两名幼儿参与，一名幼儿同时投掷两个骰子。

2. 幼儿根据结果用最快的速度将自己的石子放在棋盘相应的位置上，数量多的为胜。

小提示：

小石子可替换为小蝴蝶片，设置成蝴蝶找家的情景游戏。

图6-1-3 鲜花棋盘　　　　图6-1-4 盖住相应的花

（三）名称：职业分类卡

关键经验：感知和理解事物的特征，并进行分类。（图6-1-5）

适用班级：中班。

材料：职业人员和物品的图片、操作底板。

玩法：1. 幼儿找出职业人员的图片贴在操作底板的左上侧。

2. 根据操作底板上职业人员的工种找出相对应的物体图片并摆放在一起。

小提示：

1. 此材料幼儿可以单独操作也可以两人共同竞赛，先完成而且分类正确者为胜者。

2. 在操作活动中教师应关注幼儿是否能够通过观察物品图片的属性来进行判断、分类。

3. 可把材料改成四季分类卡，引导幼儿找出相对应的物体图片，并将其摆放在一起。（图6-1-6）

图6-1-5 职业分类卡

图6-1-6 四季分类卡

（四）名称：图形分类

关键经验：感受生活中各种物品的形状特征，尝试识别和分类。（图6-1-7、图6-1-8）

适用班级：中班。

材料：图形片若干、记录纸、笔、分类盒。

玩法：1. 观察图形片幼儿尝试自己选择一种特征进行分类。

2. 用笔和纸按自己的方式给分好的图形片做标记。

小提示：

1. 关注幼儿在分类的过程中采取的方式，观察幼儿是否能按统一标准进行图形片分类。

2. 可把材料改为串珠，引导幼儿进行分类。（图6-1-9）

图6-1-7 图形分类

图6-1-8 幼儿分类

（五）名称：层级分类

关键经验：对物体按两种以上特征进行层级分类。（图6-1-10，图6-1-11）

适用班级：大班。

材料：图形塑料片、层级分类板、白纸、笔。

图6-1-9 串珠分类

玩法：幼儿将图形塑料片按照颜色、形状等标准进行层级分类，可用自制的标记卡做辅助。

小提示：

可把材料改成衣服，让幼儿划分标准进行层级分类。（图6-1-12）

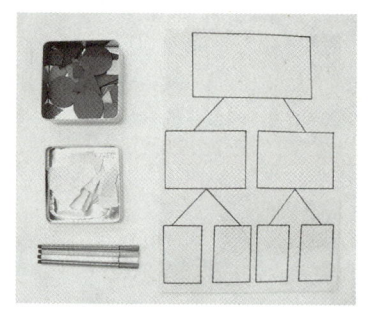

图6-1-10　层级分类 　　　　图6-1-11　幼儿做标记 　　　　图6-1-12　衣服分类

第二节　数、量及数量关系

（一）名称：拍苍蝇

关键经验：通过点数，以数量进行归类。（图6-2-1、图6-2-2）
适用班级：小班。
材料：骰子、苍蝇拍、苍蝇图片。
玩法：两个幼儿参与，一名幼儿投掷骰子，随后两名幼儿按照骰子上的点数拍苍蝇，看看谁的反应快。

小提示：

这份材料同样可以训练幼儿的工作记忆能力，另外骰子上的点子可以换成数字。

图6-2-1　拍苍蝇 　　　　图6-2-2　数点子

（二）名称：卡片接龙

关键经验：比较和区分物体的多少，感知物体之间的等量关系。（图6-2-3、图6-2-4）

适用班级：小班。

材料：数量为1~7的点卡（视幼儿能力而定）若干。

玩法：按点的等量关系把有相同数量点子的卡片接在一起，直至接完所有的卡片。此活动幼儿可以单独玩，也可以几个人合作，轮流从筐里找卡片接龙。

小提示：

此活动在引导幼儿感知数量的同时，也考查了幼儿的数量守恒经验。

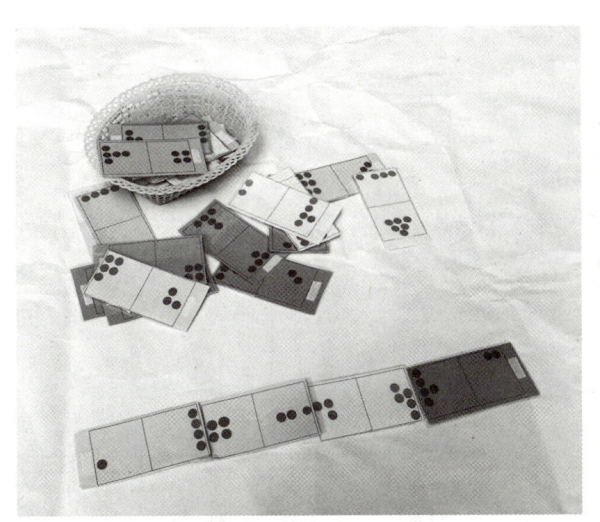

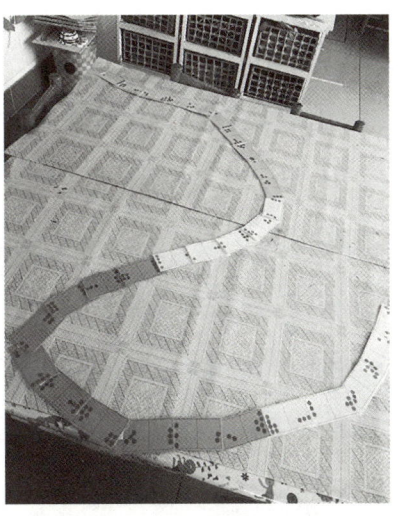

图6-2-3　卡片接龙　　　　　　　　图6-2-4　依次接起来

（三）名称：看数摆物

关键经验：在操作中感知数的实际意义。（图6-2-5）

适用班级：小班。

材料：印有一定数量的各种物体图形的底板，数字卡片，纽扣、小石子等小物品。

玩法：幼儿拿到底板后观察上面图形的个数，再在后面的方格中摆放相同数量的各种小物品，最后抽象概括出数，并用数字卡表示。

小提示：

玩法中的先后顺序可由幼儿自己确定，如可先用数字表示，再摆物品。根据类似的关键经验也可以设置钓鱼游戏。（图6-2-6）

图6-2-5　看数摆物　　　　　　　　　图6-2-6　钓鱼游戏

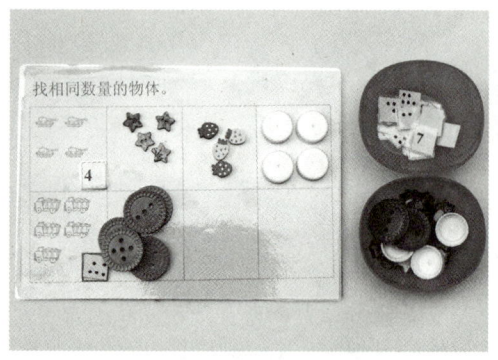

（四）名称：停车场

关键经验：感知数的实际意义，能够点数对应。(图6-2-7、图6-2-8)

适用班级：小班。

材料：在鞋盒上画好方框，贴上不同数量的点子当作停车场，贴有数字的玩具小汽车若干。

玩法：幼儿拿到小汽车，观察小汽车上的数字，然后在停车场上找出相应数量的点子，再把小汽车停到对应的场地中。

小提示：

还可制作双层停车场，孩子们会乐此不疲地反复玩下去。

图6-2-7　停车场　　　　　　　　　图6-2-8　车停到对应位置

（五）名称：点物配对

关键经验：能够手口一致地点数，能按点取物，感知点物的等量关系。（图6-2-9）

适用班级：小班。

材料：两种底色的印有各种数量的点卡若干，两种颜色的方块粒若干。

玩法：幼儿按自己的意愿排列点卡，根据点卡上的点子数量取出相应数量的方块粒。

小提示：

颜色的对应搭配可由幼儿自己决定，可两人合作玩，也可单独玩。

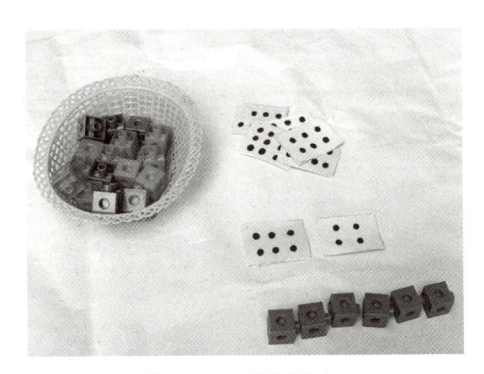

图6-2-9 点物配对

（六）名称：好吃的冰激凌

关键经验：感知数的顺序，理解数与数之间依次多1的递增关系。（图6-2-10、图6-2-11）

适用班级：小班。

材料：点卡、彩色球、镊子、操作盘。

玩法：幼儿先将点卡摆在操作盘上，再用镊子取出相应数量的彩色球。

小提示：

注意引导幼儿感知点物的对应及数量的递增关系。可以根据需要决定是否要事先固定卡片；也可以根据幼儿的能力水平，设置点物对应或数物对应活动。

图6-2-10 好吃的冰激凌

图6-2-11 依次递增摆

（七）名称：扑克排队

关键经验：感知理解数与数之间的递增关系，按照数量匹配卡片。（图6-2-12、图6-2-13）

适用班级：小班。

材料：数字卡片、扑克牌。

玩法：幼儿按照顺序排列数字卡片，并在下方摆上有相应数量的扑克牌。

小提示：

通过观察幼儿的摆放情况，可以了解幼儿对数的顺序的掌握水平。

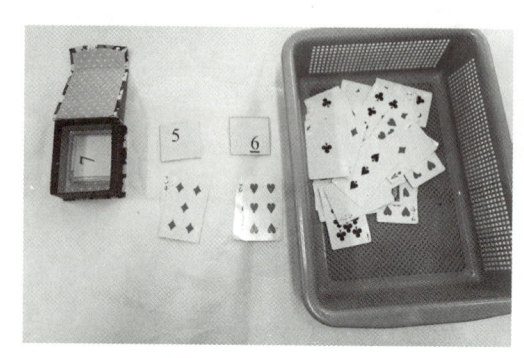

图6-2-12　扑克排队

图6-2-13　看点子摆扑克

（八）名称：数字图册

关键经验：感知数字的形状，理解数的实际意义。（图6-2-14、图6-2-15）

适用班级：小班。

材料：各种形状的绒布贴、数字图册。

玩法：将相同数量的圆形或三角形绒布贴放在数字图册上，开着小汽车沿数字内的虚线行驶。

小提示：

这是一份让幼儿在游戏中感知数字形状的辅助材料，可以在虚线的起始位置做好一定标记。

图6-2-14　数字图册

图6-2-15　开小车

（九）名称：看书摆物

关键经验：能够点数出物品总数、按数取物，感知点、数、物对应。（图6-2-16、图6-2-17）

适用班级：小班。

材料：纽扣、点卡、数字卡、动物图卡、绘本。

玩法：幼儿根据动物在书中出现的次数，在后面放入相应的纽扣、点卡和数字卡。

小提示：

此份材料可以锻炼幼儿的观察能力，同时也有助于幼儿养成良好的阅读习惯，培养幼儿的学习兴趣。其中纽扣、点卡和数字卡摆放的先后顺序可由幼儿自己决定。根据类似的关键经验也可设置开锁游戏。

图6-2-16 看书摆物　　　　图6-2-17 开锁游戏

（十）名称：瓶子装球

关键经验：在操作中理解数概念。（图6-2-18、图6-2-19）

适用班级：小班。

材料：透明塑料空瓶、大夹子、画有点子或写有数字的乒乓球。

玩法：幼儿先给瓶子贴上数字卡片，再夹起画有相同数量的点子或写有对应数字的乒乓球放入瓶内。

小提示：

幼儿也可先把乒乓球按数量归类分到几个瓶子里，再给瓶子贴上数字卡，用数字表示数量。教师要注意观察幼儿的操作过程，从而发现幼儿对数概念掌握的不同水平。

图6-2-18 瓶子装球

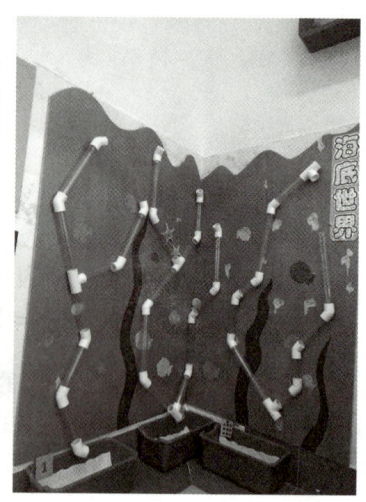

图6-2-19 海底世界

（十一）名称：敲冰块

关键经验：通过实际操作，理解数与数之间的关系。（图6-2-20至图6-2-22）

适用班级：中班。

材料：锤子、贴有点子卡的冰块、转盘。

图6-2-20 敲冰块图

图6-2-21 解救小蜜蜂

图6-2-22 幼儿进行点子排序

玩法：两人一组，每人选一种颜色的冰块，之后把蓝、白冰块放入破冰台中的支撑架上，把企鹅放在破冰台中间。

两人轮流转动转盘，根据指示用锤子敲击对应颜色的冰块，并且观察自己敲击下来的冰块，根据冰块上面点子的数量从少到多或从多到少排序，谁先完成排序的任务，并且保护企鹅使它不掉下破冰台，谁就是赢家。

小提示：

1．图6-2-21所示的解救小蜜蜂的玩法与敲冰块一致。

2．教师要关注幼儿在游戏过程中是如何观察和思考，并比较点子卡的数量，进行点子卡排序的。

（十二）名称：摆放货品

关键经验：手口一致地点数物体，得出物体的总数，并使点、数、物对应。（图6-2-23）

适用班级：中班。

材料：小推车，蔬菜、水果玩具若干，塑料篮，数字卡，点子卡。

玩法：幼儿抽取点子卡，根据点子卡上的数量点数相同数量的蔬菜或水果。

将点数好的蔬菜或水果送到贴着对应数字卡的篮子里摆放好。

小提示：

1．提高游戏的趣味性，篮子可以藏在活动区里的某些地方，让幼儿推着小车找有对应数字卡的篮子。

2．引导幼儿通过游戏感知从物抽象到数的过程，感知总数的实际含义。

图6-2-23 摆放货品

（十三）名称：翻滚吧！猴子

关键经验：通过数数比较两组物体的多少。（图6-2-24）

适用班级：中班。

材料：三种颜色的小棒共30支、骰子、玩具树、猴子30只。

玩法：将小棒插入大树中，每层6根，把猴子翻过来放到树干上。

2~4人一起玩，通过掷骰子来决定抽取哪个颜色的小棒。

如果掷骰子掷出绿色，就抽取树上任意一支绿色小棒。若抽出小棒后猴子从树上掉下，就停止一次。

将所有彩棒抽取完后进行数量比较，比一比，哪个颜色多？哪个颜色少？

小提示：

1．幼儿在游戏时可以自己协商决定彩色小棒比较的标准。

2．要关注幼儿是如何进行比较，判断出哪个颜色多，哪个颜色少的。

图6-2-24 翻滚吧，猴子

（十四）名称：挑彩棒

关键经验：通过数数比较两组物体的多少。（图6-2-25、图6-2-26）

适用班级：中班。

材料：黄色、红色、绿色的塑料小棒。

玩法：

1．将三种颜色的小棒抓在手中，与桌子垂直，然后放手。

2．小棒撒开后，两人轮流将小棒一根根地挑起来收回，但不能动到或碰到别的小棒。一方失手，则换另一方拾取。

3．将所有小棒拾取完后进行数量比较，比一比，哪个颜色多？哪个颜色少？

小提示：

1．幼儿在游戏时可以自己协商决定彩色小棒比较的标准。

2．要关注幼儿是如何进行比较，并判断出哪个颜色多，哪个颜色少的。

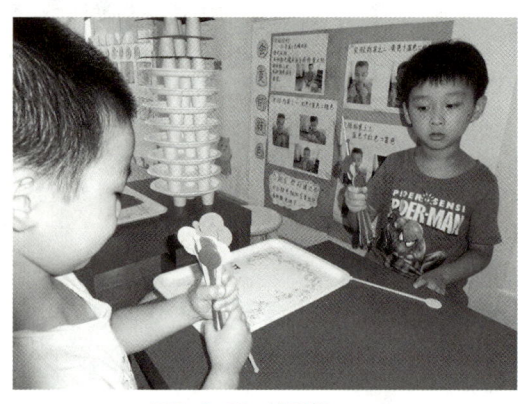

图6-2-25 挑彩棒

图6-2-26 幼儿点数彩棒

（十五）名称：数字扭蛋

关键经验：点数物体，得出物体的总数，并使点、数、物对应。（图6-2-27至图6-2-29）

适用班级：中班。

材料：扭蛋、骰子、积木粒。

玩法：两位幼儿轮流投掷骰子，根据点数选择一个扭蛋打开，如果数字和骰子上的点数对应，并且幼儿能拼起相应数量的积木粒，那么这个扭蛋就归该幼儿所有。

小提示：

1. 建议2~4名幼儿为一组开展游戏。
2. 要关注幼儿在游戏中对由物抽象到数的过程的感知。

图6-2-27 活动材料

6-2-28 数字扭蛋

图6-2-29 幼儿选择扭蛋

（十六）名称：数字叠叠高

关键经验：通过实际操作理解数与数之间的关系。（图6-2-30）

适用班级：中班。

材料：叠塔积木、骰子、点子卡片。

玩法：幼儿参与人数为2~4人，幼儿自己决定抽取的图案。

每层四条积木全部堆叠好，幼儿轮流掷骰子，抽出带有相应图案或点子的积木。

若抽出的是带图案的积木，就继续往上堆叠，若抽出的是贴有点子卡的积木，就按从少到多或从多到少的顺序进行排序，谁先完成点子卡排序的任务，谁就是赢家。

抽取积木时导致积木倒塌的人，视为挑战失败，被判定为输家。

小提示：

要关注幼儿在游戏过程中是如何观察和思考，并比较点子数量，进行点子卡排序的。

图6-2-30　数学叠叠高　　　　　图6-2-31　数字保龄球

（十七）名称：数字保龄球

关键经验：通过实际操作理解数与数之间的关系。（图6-2-31）

适用班级：中班。

材料：瓶子、球。

玩法：幼儿用球去击打瓶子，看看被击倒的瓶子上分别是数字几，再找出两数之间差1的数字瓶子重新摆放好。

小提示：

1. 当个别幼儿对差1的关系还未完全理解时，教师可以提供数棒让幼儿摆一摆，进行观察比较。

2. 要关注幼儿是怎样观察事物、分析事物、思考问题的。

（十八）名称：拆墙游戏

关键经验：通过实际操作理解数与数之间的关系。（图6-2-32）

适用班级：中班。

材料：玩具砖块、数字卡片。

玩法：两位幼儿合作把小砖块砌在框架内，然后轮流用小铲子按顺序把小砖块一点点推出。

推到贴有数字的砖块时，找出两数之间差1的数字砖块，一并推出，再摆放好。

小提示：

引导幼儿通过观察、判断、比较、推理，感知自然数序中两数之间差1的关系。

图6-2-32　拆墙游戏　　　　　　　　　图6-2-33　小动物坐火车

（十九）名称：小动物坐火车

关键经验：会用数词描述事物的顺序和位置。（图6-2-33）

适用班级：中班。

材料：火车、小动物玩具、数字卡。

玩法：根据小动物身上的数字判断出小动物应该坐在第几节车厢里，按照顺序依次送小动物到对应的火车车厢上。

小提示：

1．引导幼儿通过观察、推理，判断物体之间的位置，感知序列。

2．可投放操作单让幼儿充分感知第几节车厢里是哪只小动物。

（二十）名称：分分乐

关键经验：利用实物体验、感知数与数之间的关系。（图6-2-34、图6-2-35）

适用班级：大班。

材料：贝壳、数字卡片、点卡、纸、笔。

玩法：幼儿可以借用贝壳、点卡，进行数的分解与组合的练习，并尝试进行书写。

小提示：

关注幼儿在分解与组合的过程中对数字之间互换、互补关系的理解。实物材料可随时更换，要增加材料的趣味性。

图6-2-34 分分乐　　　　　　　　　　图6-2-35 幼儿练习

（二十一）名称：铺小路

关键经验：按照一定规律排序。（图6-2-36、图6-2-37）

适用班级：大班。

材料：瓶盖、彩色玩具、纸、笔。

玩法：幼儿运用瓶盖和彩色玩具进行各种模式的排序，并尝试把排序的模式用笔和纸记录下来。

小提示：

幼儿排序的模式可以让幼儿自己设计。

图6-2-36 铺小路　　　　　　　　　　图6-2-37 幼儿用瓶盖排序

（二十二）名称：比大小

关键经验：理解数字的实际意义，感知数与数之间的大小关系。（图6-2-38、图6-2-39）

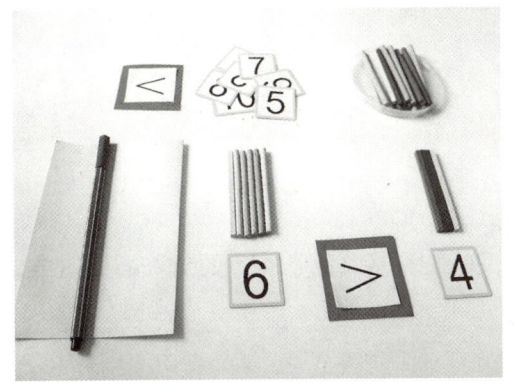

图6-2-38 比大小

图6-2-39 比较数字的大小

适用班级：大班。

材料：数字、大于和小于符号、数棒、笔。

玩法：幼儿随机取两堆数棒，并用数字表示数棒的数量，再拿出大于和小于符号进行大小的比较，可以两名幼儿一起玩，比比谁的数字大（或小）。

小提示：

可比较2个数或3个数的大小，加深幼儿对数字关系的理解。

（二十三）名称：数字爆米花

关键经验：感知、理解数与数之间的大小关系。（图6-2-40、图6-2-41）

适用班级：大班。

材料：方块纸（白色、黄色），笔，爆米花盒，固体胶，方块粒。

玩法：两人结伴游戏，甲与乙一起在方块纸上随意填写数字与符号（在白色纸上填写数字，在黄色纸上填写大于或小于符号），并将填写好的方块纸折叠起来放进爆米花盒中。出题时甲抽取爆米花盒中的两个数字和一个符号，粘贴在记录单上，让乙来比较

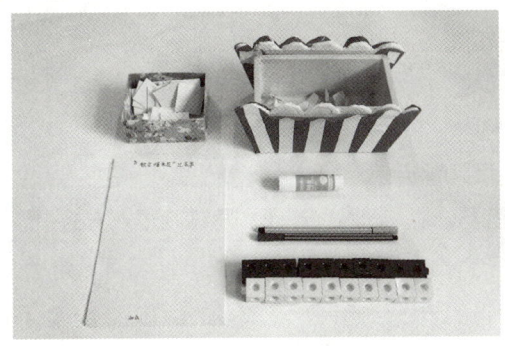

图6-2-40 数字爆米花

图6-2-41 幼儿拆纸条

大小，两人轮流游戏。

小提示：

数字可由幼儿自由填写，游戏规则也可由幼儿自己制定，要增加游戏的趣味性。

（二十四）名称：推墙

关键经验：感知、体会并理解数与数之间的关系。（图6-2-42、图6-2-43）

适用班级：大班。

材料：骰子、积木块、纸、笔、方块粒。

玩法：两位幼儿结伴游戏，把积木块按照约定好的方式叠高。一位幼儿掷骰子，根据骰子上的数字，抽出对应的积木块，两人依次投掷，抽取积木块的过程中如把积木块弄塌则视为游戏结束。记录自己抽取的积木块数量，多者为胜，三局两胜。

小提示：

要引导幼儿在游戏过程中学会观察、发现，寻找抽取积木块的方式，并保证其他的积木块不会倒下来。

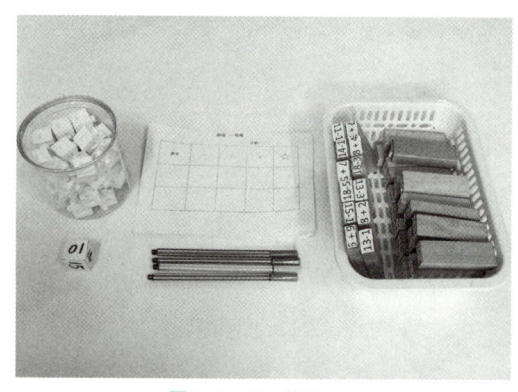

图6-2-42　推墙

图6-2-43　幼儿抽取积木

（二十五）名称：走出地盘

关键经验：感知、理解数与数之间的关系。（图6-2-44）

适用班级：大班。

材料：棋子4枚、障碍物4个、纸和笔、方块粒。

玩法：两名幼儿结伴游戏，每人选两个棋子，幼儿随意将棋子和障碍物放入方格中。

游戏开始，两名幼儿要轮流使自己的棋子走出方格，前进一格为一步（不可后退），放有障碍物的格不可走。最后将两个棋子所走的步数合起来，步数多的幼儿为胜。过程中可以将棋子走的步数记录下来，三局两胜。

小提示：

教师要提醒幼儿及时记录棋子走的步数，还应注意观察幼儿棋子行走的路线，发现幼儿解决问题的不同方式。

（二十六）名称：小蝌蚪找妈妈

关键经验：理解数与数之间的关系，并用"加"或"减"的知识来解决问题。（图6-2-45）

适用班级：大班。

材料：自制底板、数字贴、小青蛙图卡、蝌蚪数字卡、方块粒。

玩法：选择一个数字贴在小青蛙的身上，在筐中寻找两个数合起来与其相等的蝌蚪数字卡放在小青蛙旁边。

小提示：

过程中需提供实物辅助幼儿操作。

（二十七）名称：灌篮高手

关键经验：理解数与数之间的关系，并用"加"或"减"的知识来解决问题。（图6-2-46、图6-2-47）

适用班级：大班。

材料：自制篮筐、数字卡片、乒乓球、纸、笔。

玩法：幼儿在篮筐四面贴上数字卡片，乒乓球上也贴有两个数字，观察并判断哪些乒乓球上的两个数字合起来或相减与篮筐上的数字相等，把这些乒乓球投进对应的篮筐中，可在纸上做记录，可以多人同时进行。

小提示：

教师要重点关注幼儿寻找乒乓球的过程。

图6-2-44 走出地盘

图6-2-45 小蝌蚪找妈妈

图6-2-46 灌篮高手

图6-2-47 幼儿投篮

第三节 图形及空间

（一）名称：图形找家

图6-3-1 图形找家

图6-3-2 按形状分类

关键经验：感知物品的形状特征，并尝试识别和描述。（图6-3-1和图6-3-2）

适用班级：小班。

材料：不同颜色和形状的图形片、棉绳、小木棒。

玩法：幼儿将混在一起的图形片按形状归类，再用棉绳给分好类的图形片围一个相应的家。或者先围好一个形状的家，再去找图形片。

小提示：

此份材料更多的是想让幼儿通过各种感官去感知图形的特征，也可以拓展到幼儿可以接受的其他图形的认知上。

（二）名称：图形拼一拼

关键经验：感知物品的形状特征，并尝试识别和描述。（图6-3-3至图6-3-6）

图6-3-3 圆形拼图

图6-3-4 三角形拼图

图6-3-5 正在拼三角形

适用班级：小班。

材料：表面线条能拼合成一定图形的小立方体。

玩法：幼儿在已有的一堆立方体中凭借对各种图形特征的记忆，反复拼合，最后拼出不同的图形。

小提示：

拼合立方体的过程可以加深幼儿对圆形、三角形、正方形等图形的认知，同时也可以发展幼儿的观察比较能力。

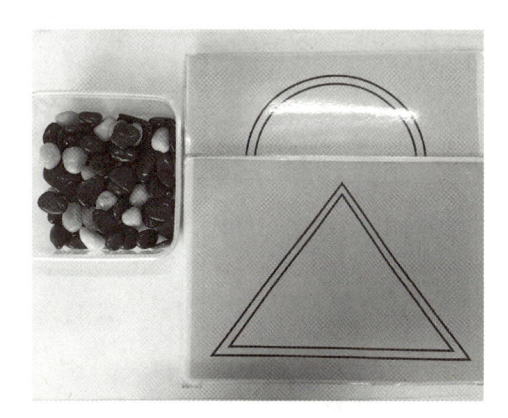

图6-3-6　感知三角形

（三）名称：图形拼合

关键经验：感知、发现常见图形的基本特征和图形间的相互关系。（图6-3-7）

适用班级：中班。

材料：图形片、图形纸。

玩法：幼儿随机抽取图形纸，再用图形片填充图形纸，并摆放好。

小提示：

幼儿操作时可以自由体验，探索图形的变化。

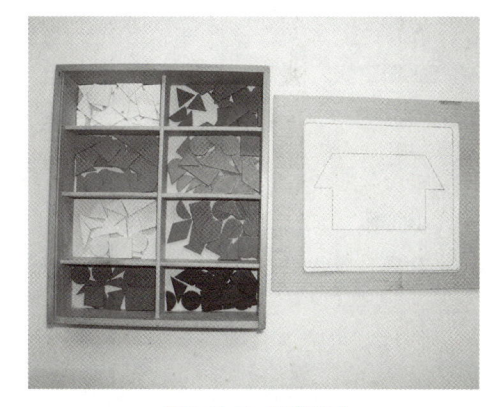

图6-3-7　图形拼合

（四）名称：分一分

关键经验：感知图形的相互关系，体验图形之间的转换。

适用班级：大班。

材料：图形彩纸、骰子、等分卡片。

玩法：幼儿选择一张图形，掷骰子，并根据骰子上的数字对图形进行等分。

小提示：

还可以将若干相同的长方形纸分割成不同的形状，并将这些形状混合在一起，引导幼儿重新拼搭成长方形。（图6-3-8至图6-3-10）

图6-3-8　分一分

图6-3-9 图形拼搭　　　　　　　　　图6-3-10 幼儿进行图形拼搭

（五）名称：制作纸盒

关键经验：感知、体会立体图形与平面图形的关系。（图6-3-11）

适用班级：大班。

材料：带有图形样式的彩纸、剪刀、双面胶。

玩法：幼儿把图形样式剪下来，根据实线和虚线进行折叠，并粘贴成一个立体纸盒。

小提示：

可提供现成的纸盒，然后拆开，让幼儿在卡纸上临摹，剪下后再进行折叠和粘贴。（图6-3-12）

图6-3-11 制作纸盒　　　　　　　　图6-3-12 幼儿制作纸盒

（六）名称：立体方块

关键经验：理解简单示意图中的空间关系。（图6-3-13、图6-3-14）

适用班级：大班。

材料：小方块、三维物体卡片。

玩法：幼儿从不同视角观察三维物体卡片，并利用小方块进行拼搭。

图6-3-13　三维物体卡片

图6-3-14　拼搭立体造型

小提示：

请幼儿仔细观察每一张三维物体卡片，思考拼出这样的图形需要多少个小方块。

第四节　认识时间

（一）名称：我的一天

关键经验：感知时钟上整点和半点的指针位置。（图6-4-1）

适用班级：大班。

材料：自制的时间表、时间卡片、时钟卡片。

玩法：根据卡片上的数字时间，拨动时钟上的指针到指定的位置。

小提示：

可让幼儿拨动木质钟表、制作时钟小书，从而感知整点和半点。（图6-4-2、图6-4-3）

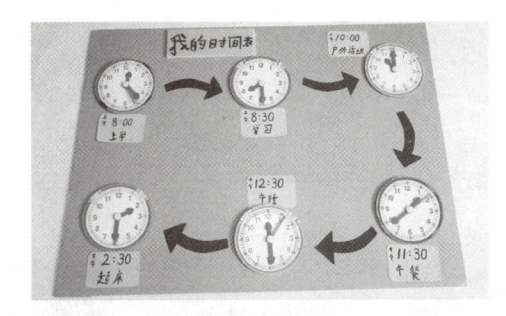

图6-4-1　我的一天

图6-4-2　时钟小书

图6-4-3　制作时钟小书

（二）名称：我会坐地铁

关键经验：感知、理解事件发生的先后顺序。（图6-4-4）

适用班级：大班。

材料：事件卡片、名片条、操作单。

玩法：将坐地铁的环节做成卡片，幼儿按照坐地铁时事件的先后顺序，在操作单上依次贴上事件卡片和名片条。

小提示：

幼儿可以自己设计制作事件卡片和名片条。

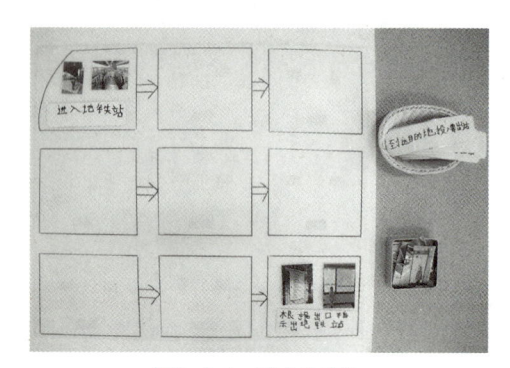

图6-4-4 我会坐地铁

（三）名称：电影票

关键经验：识别空间方位，运用空间方位经验解决问题。（图6-4-5、图6-4-6）

适用班级：大班。

材料：电影院平面图、电影票。

玩法：幼儿根据电影票上的座位号对应找到电影院平面图上标注的位置。

小提示：

还可以设计课室平面图，引导幼儿根据课室实景对应找到平面图上自己座位的位置。

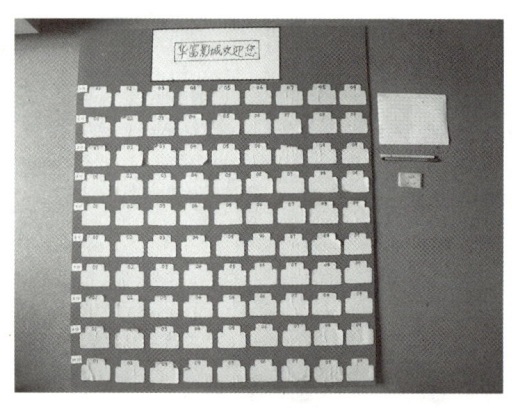

图6-4-5 电影院平面图

图6-4-6 幼儿寻找座位

第七章　幼儿数学学习故事

学习故事1：数的分解与组合

对象：梓涵（大班）。
时间：9:00—9:30。
地点：数学区。

背景：

小组活动"复习10以内各数的分解与组合"正在数学区进行着，孩子们纷纷选取一个数字，进行数的分解练习，并记录自己的分解结果。（图7-1-1、图7-1-2）

图7-1-1　幼儿选取数字　　　　　　　　图7-1-2　梓涵正在操作

活动纪实：

梓涵选取的是数字10，她拿起彩色小石头很快摆完了实物分解，并取来纸笔开始记录。记录完后，梓涵反复看自己的记录单和小石头。

一旁默默观察的老师走过去问她："怎么了，梓涵？需要帮助吗？"（老师观察到梓涵查看的动作较为频繁，好像是遇到了困难，于是主动介入，询问梓涵是否需要帮助。）

梓涵听到后，指了指自己的记录单，没说话。（图7-1-3）

老师看了看梓涵的记录单和分好的小石头，说道："你要不要重新分一次

图7-1-3　梓涵的操作结果

呢?"（老师发现梓涵选取的数字是10，但是每个分解中摆出的小石头合起来却都是11个，于是给出了建议。）

听了老师的话，梓涵并没有重新分，而是数起了已经分好的小石头，1和10，2和9，3和8……10和1。

梓涵重复数了两次小石头，又检查了记录单，还是没发现问题，于是她看向老师。

老师注意到梓涵的动作，就提醒道："你拿到的数字是几?"

梓涵看了看自己的数字卡答道："10!"说完，梓涵像是想起了什么，低头看向桌上的小石头，"老师，我知道啦!"

接着，梓涵将桌面上分好的小石头收了起来，又从盒子里数出10颗小石头，并反复数了两次，确认是10颗后，重新开始了10的分解练习。

教师感悟：

梓涵在进行10的分解与组合的练习时，由于数字与实物不匹配而出现了问题，她反复查看记录单和小石头，说明她已经意识到有问题了，但却找不到问题的所在，她并没有气馁，而是积极通过自己的反复观察、思考，寻找解决问题的办法，这种自主学习、坚持不懈的品质是非常值得赞扬的。

老师观察到梓涵的情况后，首先想到的是自己是否需要介入，于是问孩子"怎么了"，当发现孩子出现的问题后，也没有马上告诉孩子解决问题的办法，而是用开放性的提问启发孩子，一步步引导孩子自己观察、思考、发现问题，最终解决了问题。

学习故事2：好玩的火箭投掷

对象：童童、涵涵、姗姗等（大班）。
时间：户外活动时间。
地点：前操场。

背景：

在户外活动中，孩子们都拿着自己的玩具在操场上快乐地玩着。

突然，童童扔出去的火箭穿过了涵涵正高举着的呼啦圈，落在了地上。

"哇！童童，你太厉害啦！"

旁边的小朋友大叫着，然后纷纷将自己手中的玩具换成了火箭，并找拿着呼啦圈的孩子玩了起来。

孩子们自创的游戏"火箭钻圈"就这样诞生了！（图7-2-1、图7-2-2）

图7-2-1 孩子们正在玩火箭投掷游戏

图7-2-2 "火箭钻圈"

活动纪实：

第二天，户外活动一开始，孩子们就又玩起了"火箭钻圈"的游戏。

"哎呀！你砸到我啦！"

"不行不行！你要瞄准！"

"不是这样的！"

……

不一会儿，操场上就传来了举圈孩子的抱怨声，原来是投掷过来的火箭多次砸到他们的身上、头上了。

这时，涵涵把手上的圈转了个方向放在了身侧，对旁边的小朋友说道："这样火箭就不会投到我们的身上了吧！"（图7-2-3）

其他孩子见状后，纷纷模仿涵涵的动作，将圈侧放，果然就很少被"火箭"打到了。

图7-2-3 孩子们试着调整圈的位置

于是，孩子们又愉快地继续"火箭钻圈"游戏啦！

第三天，在户外活动中，涵涵等几个孩子又玩起了跟昨天一样的"火箭钻圈"游戏。

姗姗（前两天没玩过这个游戏）站在旁边看他们玩，过了一会儿，姗姗拿了一个圈站在浩浩身边，说道："这样太容易了，我们让火箭钻过两个圈吧！"

涵涵几人一听："好啊好啊！看谁更厉害！"

孩子们正要开始游戏，一旁的丫丫拿着圈加入了："现在是三个圈，看谁的火箭能钻过去！"

"不要！三个太难了！"

"可以的，可以的，我先来！"涵涵大声说着，将自己手中的火箭掷出，火箭穿过三个圈飞出去了。（图7-2-4）

图7-2-4　涵涵尝试让火箭一次钻3个圈

"涵涵，你好厉害！"
"我来！我来！"
……

看到涵涵成功了，孩子们抢着要去投掷。

小朋友们很快一个接一个排好队，继续游戏，每当有火箭准确无误地穿过三个圈时，孩子们就会开心地欢呼起来。

随着游戏次数的增加，孩子们渐入佳境……

教师感悟：

孩子是天生的创造者，童童的无意之举，被细心的小伙伴们发现，进而他们自发创造出了一个新的游戏"火箭钻圈"，并在随后的游戏中不断深入探索、开发这个新游戏的玩法，让玩变得更丰富、更生动。

这也让我更加深刻地认识到，老师的少干预、多观察，更易带给孩子自由、自主、轻松愉快的游戏环境，让孩子在操作探究中充分发挥他们的创造力。静待花开，会让我们收获更多关于孩子成长的喜悦。

后记：

老师观察到孩子们目前对于"火箭钻圈"游戏有着浓厚的兴趣，于是在班内发起了一场游戏竞赛"看谁一次投过的圈最多"。在户外活动中，参与"火箭钻圈"游戏的孩子更多了，每个孩子都想方设法地让自己的火箭一次钻过更多的圈……

在这里，游戏竞赛俨然成为一场思维碰撞的盛宴，激励着每一位孩子开动脑筋、积极思考，户外的游戏活动成为挑战幼儿思维的媒介，推动着幼儿认知能力的不断发展。

学习故事3：水杯比一比

对象：同同（小班）。
时间：11:10—11:20。
地点：教室。

背景：

今天进行完户外活动小朋友们回班后，当他们纷纷拿着自己的水杯放回柜子上的水杯存放处时，教师发现了一件很有意思的事……

活动纪实：

同同小朋友拿着自己的水杯正准备放回柜子上的水杯存放处，这时，他看到了旁边的小朋友阳阳的水杯，于是就拿起阳阳的水杯，将两个水杯挨在一起，比了起来，嘴上还说着："我的水杯矮，你的水杯高。"（图7-3-1）

说完，同同将两个水杯放在柜子上，看了看其他水杯，拿起了一个不锈钢水杯，比了比，放在了两个水杯的中间，又拿起了一个紫色水杯逐个比了比，放在了自己的水杯和不锈钢水杯的中间。

图7-3-1　同同正在给水杯比高矮

摆好以后，同同停下来看着这四个水杯，突然又从旁边拿出一个黄色水杯，与摆好的四个杯子逐一比较，然后用它代替自己的水杯，接着他又重复了一次，用一个粉色水杯代替了紫色水杯，一边摆弄，嘴里一边说着："从矮到高……从矮到高……"（图7-3-2）

图7-3-2　同同尝试给水杯排序

教师感悟：

同同小朋友在摆放水杯时，下意识地比较，通过悉心地观察、简单地排列，不经意间完成了一次按高矮排序的探索学习。

幼儿的数学学习就是其通过直接感知、实际操作，不断探索发现和能动地建构数学关系、积累数学经验的过程，幼儿的一日生活中处处蕴藏着数学学习的契机。作为教师，要善于捕捉生活中的教育契机，帮助幼儿积累丰富的学习经验，从而促进幼儿认知能力的不断发展。

图7-4-1　尝试摆放三角形

学习故事4：物品找家

对象：子瑞、铭铭（小班）。

时间：10：20—10：30。

地点：数学区。

背景：

铭铭今天选择进数学区，并选取了一份"物品找家"的材料放在地板上操作起来。（图7-4-1）

活动纪实：

铭铭从篮子里拿了一个红色的直角三角形块，对着底板上的每一个三角形轮廓都一一摆上去试了一次，直到有一个图形轮廓和这个三角形块能吻合上，才停下。接着又拿起了一个大些的三角形块，也用一个一个摆上去试一试的方法给物品找到了"家"。（图7-4-2）

随后在拿到一个直角三角形时，铭铭看了一会儿剩下的图形轮廓，选定一个后直接把图形块摆上去了，接下来，铭铭采用了这种全部观察后选定一个的摆放方法摆了好几个物品。

底板上只剩下最后一个圆形，物品中也只剩下一个一次性纸杯了。这时，铭铭把纸杯快速放进了唯一的圆形轮廓里，可发现大小合不上，铭铭拿起纸杯看了看纸杯底部，又放进圆形轮廓里，还是合不上，又看了看筐里，反复几次之后，向老师求助了。（图7-4-3）

铭铭："老师，这个圆圈画错了！你看，太大了！"

这时，一旁经过的子瑞小朋友听到了，走过来，看了看，拿起纸杯倒扣过来放在圆形的轮廓里，大小正好合适。

教师："哇，子瑞，杯子放进去刚刚好呢！你是怎么放的呢？"

子瑞："老师，我试过，这样不行，要倒过来放才刚刚好。"

（教师介入，聆听并了解幼儿的想法，引导同伴间相互学习。）

接着，铭铭把纸杯正放、倒放反复又试了几次，最后还是让纸杯开口朝下稳稳地倒立着，铭铭看了看整张底板上的物品，笑了起来。

图7-4-2　直接摆放方形

图7-4-3　琢磨纸杯的摆放方法

教师感悟：

1．铭铭在整个操作过程中都非常地投入。在对应找相同时，铭铭首先用到的是实物和轮廓——对应的检验方法。这是一种直接的也是最安全的方法。接下来他自己又做了调整，先整体观察，在头脑中确认一个，再行动。由运用具体形象思维很自然地转为运用抽象逻辑思维，并且这个过程由个体自发完成，展现了幼儿动作的内化过程，同时，也展现出了铭铭学习方式的独特性。

2．杯口朝上拿纸杯是我们的一种习惯。子瑞小朋友已尝试跳出了这个固定思维，在观察比较中发现了杯口、杯底都是圆形，并在实践中尝试比较大小。由于经验的局限性，空间认知感的建立对小班幼儿来说还比较困难，需要幼儿多看、多摸、多动手去操作物体，不断感知，从而在反复实践中建立空间感。

3．让老师欣喜的是，纸杯要倒扣过来才能正好放进底板中，这是老师在投放材料时无意设计的，反而在幼儿操作时挑战了幼儿的空间认知能力。这提醒老师们，并不是把材料准备好了投放到区域中就可以了，应更多关注幼儿与材料的互动，要检验材料的投入是否适宜。幼儿与材料的互动中，会有各种意想不到的可能出现。老师在后续观察中得到反馈，有时需要对材料做进一步调整，有时也会从幼儿身上得到灵感和惊喜，这也是师幼互动带来的意外收获。

学习故事5：我的表征方式

对象： 铭铭、孟芯、方同、子宣（小班）。
时间： 10：30—10：45。
地点： 数学区。
背景：
今天我们进行了数学小组活动。幼儿在操作过程中感知并尝试表征数量，然后逐渐抽象出数的意义。在第一组幼儿的小组活动中，教师拿来了印泥盘、铅笔和纸，并演示了如何印点子来表示数量，于是幼儿一一模仿教师来印点子。活动后教师反思并做了调整。下面的实录主要是第二组幼儿小组活动的一个过程。

活动纪实：
教师请幼儿把小彩石分到两个袋子里，接着每人拿一支彩色笔和一张方形纸。
教师："请小朋友数一数每个纱袋里有多少石子，然后在纸上表示出来吧。"
铭铭点数完袋子里的全部石子后，开始在纸上画点子。
孟芯点数一个石头，画一个圆圈，直到点完。（图7-5-1、图7-5-2）
（幼儿运用自己的思维方法来表征。）

方同数了数袋子里的小彩石说:"老师,是8个。我会写8!"(图7-5-3、图7-5-4)

子宣停住笔,看着方同写8。

方同先在下面画了一个弯,再对应在上面画了一个弯,最后交叉连了起来。

子宣说道:"8不是这样子写的!"接着,子宣拿着纸和笔跑向玩具柜前,照着材料筐前的序号写起8来。(图7-5-5)

(方同运用已有经验,根据记忆中"8"的外形开始在画"8"了。子宣善于观察判断,会向同伴学习,或借助周围的环境学习。)

最后,幼儿有的用点子表征数量,有的用短线条表征数量,有的用这两种方法来表征数量,还有幼儿不仅用形状表征了,还都标上了数字,形式非常丰富。(图7-5-6至图7-5-8)

图7-5-1 点数完一起表征

图7-5-2 点数一个表征一个

图7-5-3 弯钩朝上

图7-5-4 两个弯钩交叉连接

图7-5-5 观察数字8的形状

图7-5-6 画数字和点子表征　　图7-5-7 画点子和短线表征　　图7-5-8 画数字和短线表征

教师的感悟：

1. 在第一次小组活动中，由于教师的示范，幼儿的表征方式具有一致性；在第二次小组活动中，教师放手让幼儿自己去表示，幼儿的表征方式丰富多样。有时教师的示范反而禁锢了幼儿的思维，教师要相信幼儿的力量，相信他们自己能做到，而且会用意想不到的方法去完成。教师只需设置合适的问题情境，提供原始的简单材料做支持即可，让幼儿在小组合作中去创造。

2. 幼儿在表征时，不仅仅会用点、线、圈与物体对应来表示数量，有的还用数字8来表示，让教师感到很意外。这也反映出了在数概念的形成过程中，幼儿的思维由具体逐步过渡到了抽象，体现了幼儿认知水平的提升。

3. 幼儿根据数字的外形画出了8，说明幼儿已出现了书写数字的意愿，于是教师后续准备了一份相关材料投放在区域里，即让幼儿用喜欢的小汽车沿着数字的轨迹行走，来进一步感知数字，帮助幼儿积累书写数字的经验。（图7-5-9）

图7-5-9 感知数的外形

学习故事6：9元自助餐

对象：丹丹、可可、希希（大班）。
时间：9:10—9:25。
地点：餐厅角色区。

背景：

餐厅角色区是近期班上小朋友很喜欢的一个热门区域。在活动中，小朋友可以到自助银行取钱，然后再来自助点餐、付款等。今天区域自主活动时间又到了，丹丹、可可、希希都选择了进餐厅角色区，一翻商量后，丹丹和可可选择了当客人，希希当收银员。

活动纪实：

丹丹先到自助银行取了"钱"（一张10元、一张5元）。又挑选了自己喜欢吃的冰激凌和比萨，总共合起来是9元，准备付钱。（图7-6-1）

丹丹："我没有9元的钱，怎么办呢？"

收银员希希看了看丹丹的钱："你这里不是有个10元的吗？"

丹丹拿出一张10元的纸币正准备给她，但又抽回来了。（图7-6-2）

丹丹："不行啊，这里是10元，我的东西只有9元，这样我就给多了。"

收银员希希："那你就快去拿10元的食物！"

丹丹看了看桌上的钱："噢，有办法了！"说完，端起盘子转身走了。（图7-6-3、图7-6-4）

图7-6-1 已取好9元的餐

图7-6-2 发现付10元付多了

图7-6-3 改取15元的餐

图7-6-4 核算所取的餐的总价

丹丹来到食物前，又重新取了橘子（2元），草莓（3元），西瓜（5元），蘑菇（4元）。

教师："2元、3元、5元、4元合起来是14元。"

丹丹伸出手指，算了算盘子里取好的食物的价格，拿出两张纸币。

丹丹："好了，正好15元，给你钱。"

收银员希希："我看看对不对啊。"

希希这时也过来数了数盘里的食物："3元、4元……"（图7-6-5）

希希："不对，你的东西是14元，不能给我15元！"

丹丹："哦，那你等我再去找个1元的食物来。"可可这时在一旁一边吃一边看着。

丹丹在食物板前找了好一会儿都找不到1元的食物。丹丹回到收银员跟前。

丹丹："怎么办呢？找不到呢！"这时一旁正在享用美食的可可加入了进来。（图7-6-6）

可可对希希说："那你找1元钱给她嘛！"希希翻看了围裙上的口袋。

希希："可我也没有1元钱啊！"

可可："那你快去银行取1元钱！"

这时，希希跑向银行取了1元钱回来，给了丹丹。

希希："来，找你1元钱，这样就刚好了！"于是丹丹顺利地买了单。终于吃上了自助餐！

教师感悟：

1. 班上幼儿对钱币产生了兴趣，并会尝试运用"加""减"的办法来解决游戏中遇到的问题。但受各自经验的影响，每个孩子探索的解决问题的办法是不同的。丹丹一开

图7-6-5　收银员发现食物总价只有14元　　　　图7-6-6　对面同学提醒找1元

始碰到的问题是没有9元零钱，然后相互讨论后想到了去凑够10元钱甚至15元钱的食物的方法。"看钱找食物"这种方法是教师没有想到的，幼儿思维灵活变通，顺利地化解了难题。

2. 可可虽然没有直接参与丹丹和希希的付款过程，但可可在观察中发现了问题，并用"找1元"的办法帮助她们解决了问题。"找钱"的方法可能是最快、最直接的方法，但把这种逆向思维运用到与"减法"相关的知识中，大部分幼儿可能还不太习惯，也不容易想到。但幼儿在反复的游戏中不断相互学习、相互影响，也提升了自己的经验。

学习故事7：数棒

对象：勤勤（中班）。
时间：9：00—9：50。
地点：数学区。

背景：

勤勤来到数学区拿起了一份区域材料，走到位置上坐下来，他一边摆弄手上的材料一边看向旁边的小朋友，勤勤这次选的是数棒的操作材料，他操作了一会儿，旁边的小朋友也参与到了勤勤的游戏中。

活动纪实：

勤勤从篮子里抽取了一张数字卡，接着点数相应数量的方块粒拼插成数棒，他一边拼着数棒，一边看旁边的小朋友，将数棒拼插好后又从少到多进行了排列。（图7-7-1）

接着勤勤拿起了操作单。（图7-7-2）

在两个空格中分别填上了6和7。坐在对面的漫漫指着勤勤操作单里的格子说："不对，不是这样填的。"

勤勤听了将两旁的数字调换了一下，变成了"7，5，6"，漫漫看了看又说："不对，不对，你的数棒都不是这样排的。"

勤勤看了看面前排列的数棒，再看了看自己的操作单并没有改过来。

图7-7-1 勤勤拼插数棒并排列

	5	

图7-7-2 操作单

这时恩恩凑过来，她边用手点数着勤勤面前数量为"4，5，6"的数棒边说："这个6比这个5多，这个5比这个4多！"（图7-7-3）

勤勤听后看了看同伴，看了看操作单，又看了看同伴的操作单，将自己的操作单改成了"6，5，4"。

勤勤看了看数棒又看了看操作单，漫漫和恩恩拿起勤勤排列好的数棒一根根拆开，他们重新拼了起来。（图7-7-4）

他们对照数字卡拼出了相应的数棒，接着一边数着数棒上的方块粒数量，一边从少到多进行排列，勤勤也对照着数字卡上的数字拼着"7，8，9，10"的数棒，摆放时勤勤直接比了比就摆出来了。

最后三人一起将数字卡对应摆放在数棒的下面。

图7-7-3 恩恩点数勤勤摆放好的数棒　　图7-7-4 三人一起拼出相应的数棒

教师感悟：

1. 设计数棒这份材料是考虑到多数孩子喜欢玩拼插游戏，加入操作单，可以让孩子们边操作材料边体验数序的关系。

2. 勤勤在操作时虽然能够将数量分别为1到10的数棒从少到多进行排列，但是在建立数差关系时还没有理解前面一个数比后面一个数少1，后面一个数比前面一个数多1的关系。

3. 通过观察此次孩子的活动情况，教师可以在平时多提供些材料引导勤勤继续探索，让他通过与实物对比，充分感知、发现数和数之间的差异。

学习故事8：挑彩棒

对象：炬炬、悠悠（中班）。

时间：9：00—9：50。

地点：益智区。

背景：

炬炬和悠悠一起进了益智区，他们选择了三色棒进行"挑彩棒"的游戏。

活动纪实：

第一轮游戏

两个人一人挑一下，很快彩棒就挑完了。

炬炬数了数彩棒说："我有12根。"

悠悠回答道："我也是12根，我们一样多。"

炬炬："不一样多，我是6根黄色的，你只有2根黄色的，我的比你的多。"

悠悠看了看炬炬的彩棒，又数了一遍自己的彩棒说："我的绿色的比你的多，我有6根，你只有2根。"

炬炬："那我们再玩一次吧！"（图7-8-1）

第二轮游戏

两人又开始了第二轮游戏，彩棒很快又被挑完了。

炬炬把彩棒分成了三堆，一堆红色的、一堆绿色的、一堆黄色的。炬炬说："我有8根红色的，你没有。"

悠悠："我的绿色的比你的多，我的黄色的比你的多。"

炬炬看了看说："我们再来一遍吧！"（图7-8-2）

图7-8-1　两人点数自己取得的彩棒　　图7-8-2　两人将彩棒按颜色分开摆放

第三轮游戏

两人又开始新一轮游戏，炬炬先挑了根红色的，悠悠挑了根黄色的，炬炬看见悠悠挑黄色的，也跟着挑了根黄色的。

悠悠继续挑黄色的，炬炬看了看悠悠的彩棒，他也挑了一根黄色的。炬炬把自己挑到的彩棒按颜色分开摆放。

悠悠看了看彩棒,这次挑了根绿色的,他也把自己挑到的彩棒按颜色分开摆放。(图7-8-3)

两人边挑边数着拿到的彩棒每种颜色各有几根?只要发现对方的哪一种颜色多了一根或者跟自己的一样多,接下来便会挑这个颜色的彩棒。

彩色棒很快就被挑完了,悠悠数了数红色的说:"红色的我有3根。"

炬炬:"我的红色的也是3根。"

悠悠:"我绿色的有3根,你绿色的有几根?"

炬炬:"我绿色的有4根,黄色的有6根。"

悠悠:"我黄色的有5根,我们再来一次吧!"(图7-8-4)

图7-8-3　进行第三轮游戏　　　　图7-8-4　游戏持续进行

教师感悟:

1. 游戏一开始两人对彩棒的比较不在同一属性上,各自按自己的标准来进行比较,导致出现了不同的意见。后来通过一遍一遍地游戏,两人学会了按同一种属性进行分类比较。

2. 通过这次挑彩棒的游戏,两位小朋友相互学习,在游戏中不断交流,从一开始有不同看法,到最后达成了共识。这些经历促使小朋友们主动思考,并且学着独立解决问题。

学习故事9:搭高楼

对象:伊伊(小班)。

时间:9:00—9:50。

地点：益智区。

背景：

今天伊伊来到数学区，拿出"搭高楼"的材料玩了起来。

活动纪实：

伊伊在第一层先放了两个杯子再盖上一个盘子，第二层放了三个杯子再盖一个盘子，第三层放了四个杯子再盖上一个盘子，她一层一层继续往上叠。当她叠到第六层的时候，"楼"突然开始晃动了，伊伊手一离开盘子，"楼"就倒了。（图7-9-1）

这时伊伊惊讶地看了看掉在桌子和地上的杯子和盘子。她拿起纸杯再试着摆，她在第一层摆了两个纸杯，准备放盘子的时候，看了看又多加了两个纸杯，这次她在第一层摆了四个杯子，接着摆第二层，她又数了一遍，第二层也用了四个杯子，这样一层一层往上搭了起来。

"高楼"搭了一半，伊伊的纸盘用完了，她数了数总共搭了8层，手上还有纸杯，她又拿起旁边的纸板试着继续往上摆，这次纸板搭了两层纸杯用完了。（图7-9-2）

伊伊数了数自己总共搭了10层，然后看着自己的"高楼"，数了数纸杯有40个，她高兴地说："我今天搭的楼房有10层，用的纸杯最多了。"

她看着旁边还有纸板说，"我还想多搭几层。"（图7-9-3）

伊伊接着将纸板、纸杯和盘子一层层拿下来，她试着一层摆三个杯子。她不断地调整着杯子的距离，尝试着用三个杯子摆一层，伊伊最后把纸杯、纸盘、纸板都用上了，她发现这次搭的不止10层。（图7-9-4）

图7-9-1　摆放纸盘　　　　　　　　　图7-9-2　数一数搭了几层

图7-9-3　再次点数楼层　　　　　　　　图7-9-4　重新调整杯子的距离

教师感悟：

1. 在"搭高楼"的活动中，伊伊能够在自己搭建完"高楼"后，主动观察纸杯和纸盘的数量，并通过点数纸杯和纸盘的数量，结合实际物品的数量进行判断，从而调整"楼层"的高度。

2. 伊伊在游戏中能专注的处理自己学习中所遇到的问题，借助"搭高楼"这种垒高的经验，不断地尝试、思考、调整，进而挑战自己的已有经验，拓展自己的经验。

学习故事10：我会分

对象：安安（大班）。

时间：8：50—9：20。

地点：数学区。

背景：

今天我们组织的小组活动是层级分类，小朋友们已完成了第一层级的分类，准备进行第二层级的分类，老师的提示是："请小朋友们对已分好的玩具进行第二层级的分类。"

活动纪实：

安安开始进行第二层级的分类，她把已分好的第一层级3号格子中的两个黄色三角形和两个绿色三角形都放入了4号格子中，随后她看了看旁边小朋友的操作，再看看自己的，又放了回去，接着把2号、3号格子中的塑料片全部拿在了手上。过来一会儿，又把手中的塑料片按照第一层级的分类放在了2号、3号格子中，然后拿笔做标记。（图7-10-1（1）和（2））

做好标记后，她把2号格子中的塑料片分成了正方形和圆形，放在了4号、5号格子中，数了数圆形5个、正方形3个，她把数量和形状都记录了下来，又重复数了一遍各种图形的数量。（图7-10-1（3））

3号格子中的三角形她数了数是6个，又在之前做的标记上添上了数字6，她看着3号格子中的塑料片，没有继续往下分。

国国已经完成了自己的记录，他走到安安旁边看了一会儿。

国国："安安你怎么不分啦，这边是正确的，那边呢？"

安安："这里的都是三角形啊？"

国国："那你就不要用形状来分了嘛！"

安安："咦，三角形里面有黄色的和其他颜色的。"

安安说完，笑着把三角形的塑料片分成了黄色的和其他颜色的，并数了一遍分好的塑料片的数量，记录在了纸上。（图7-10-1（4）、图7-10-2和图7-10-3）

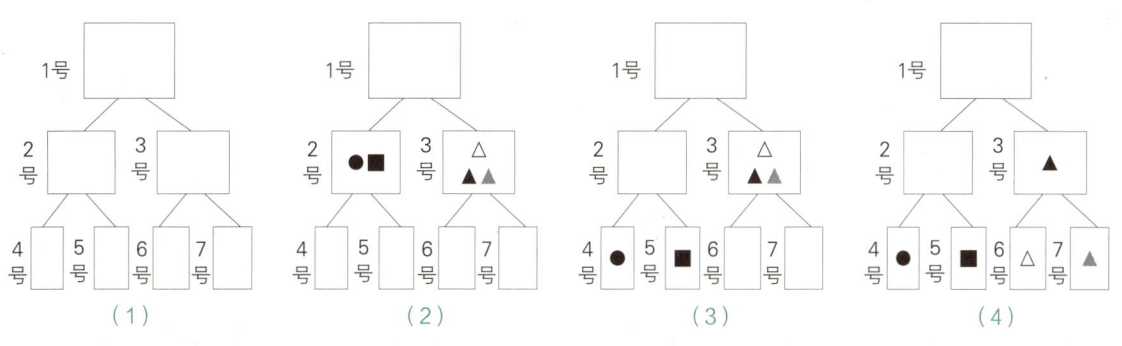

（1）　　　　　　（2）　　　　　　（3）　　　　　　（4）

图7-10-1　分类记录图

图7-10-2　幼儿选取层级分类板

图7-10-3　安安进行层级分类操作

教师感悟：

1．大班层级分类的核心经验是：按物体的特征进行层级分类，并用标记做记录。

2．安安对于今天层级分类活动中的概念是模糊的，活动中她自己在慢慢摸索第二层级的分类方法，试了几次，方法在观察同伴、模仿同伴、思考同伴的提问中逐渐变得清晰，她知道了第二层级分类的标准。

3．老师应放手让孩子自己探索，尊重孩子个人的学习方式，这个过程会很慢，但是让孩子带着问题去观察、操作、思考，孩子的经验就会获得提升，同时还会促进他们社会性认知能力的发展。

学习故事11：稀奇古怪的影子

对象：班级全体幼儿（中班）。

时间：春夏之交。

地点：幼儿园。

背景：

连日来春雨绵绵，早餐后久违的一束阳光穿过窗户跑了进来，洒在教室的地面上，坐在课室前排的一个孩子发现了自己在地面上的影子，看着影子玩了起来，接着两个、三个……坐在旁边的孩子纷纷加入了玩手影的游戏中，还有小声的嬉笑声。

默默："你看，下面是一只小鸟。"

高歌："怎么我没有？"

默默："快把手放到这边来！你看那个黑黑的就是。"

小宇："嗯？你们在玩什么呀？"

默默："玩手，你也来玩吧！"

小宇："这个黑黑的东西是什么呀？"

默默："是手的影子哦。"

小宇："影子真好玩……"

老师："正好我们要进行户外活动了，我们去外面找找看哪里还有影子。"

大家："好啊，好啊！"（图7-11-1）

活动纪实：

寻找影子

来到户外，孩子们两个一群三个一组，去寻找影子。影子时大时小，忽隐

图7-11-1 发现影子

忽现，引起了孩子强烈的好奇心和探究欲望，于是，谈影子、找影子、画影子等一系列活动就开始了！老师也给予了孩子充足的时间和空间去探索、发现。（图7-11-2至图7-11-5）

[**活动延伸：**幼儿开始喜欢观察、辨别各种影子了，结合幼儿近期对影子的探究活动，为进一步发展幼儿的观察、比较等认知能力，我们在数学活动区域特别设置了相关的区域材料，以便于幼儿操作、观察。（图7-11-6至图7-11-9）]

图7-11-2 两个影子抱在一起

图7-11-3 我的影子很帅

图7-11-4 看，攀登架也有影子

图7-11-5 手的影子不见了

图7-11-6 对应比较

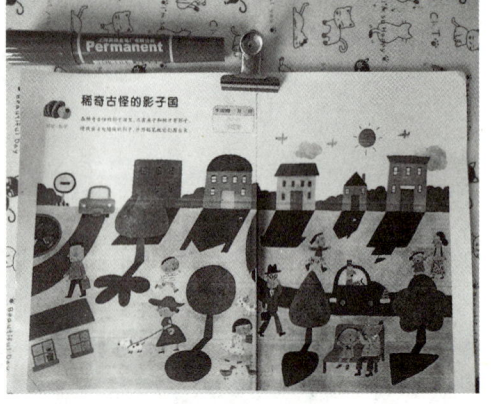

图7-11-7　观察影子

图7-11-8　找不同

图7-11-9　影子配对

影子大分类

随着主题的深入，孩子们探索影子的兴趣更加浓厚了，他们在幼儿园、在家里随时随地去观察、寻找影子，并相互分享。

帅帅："我们人是有影子的，我还看到了树的影子，小狗也有影子呢！"

灏灏："我在报纸上也看到了影子。"

老师："你们可以把你们看到的一些稀奇古怪的影子记录下来并带给我们，让我们一起看看吗？"

有的小朋友带来了一张从报纸上剪下的大树的影子，有的带来了一张有一只小狗的影子的图片，还有的以拍照的方式记录下了自己的影子。（图7-11-10）

悦悦："你的是手的影子，我的也是！"

元元："老师，我们的影子都是相同的。"

悦悦："你的影子是小狗的，和我们的不一样。我们把他们分一分吧！"

元元："怎么分呢？"

悦悦:"就是人的影子和人的影子放在一起,树的影子和树的影子放在一起就好了,我想是这样。"

一开始,影子的图片和照片是堆放在地板上的,教师拿来了几张大卡纸,对他们说:"你们需要这些纸垫着吗?"这时,卡纸派上了用场,教师还给他们打印了一些影子的名称。

孩子们观察着手里的影子图片,并把它们一一分到了相对应的同类的影子当中。偶尔会有一些争议,但孩子们会相互沟通,很快解决分歧。(图7-11-11至图7-11-14)

图7-11-10　幼儿收集的影子

图7-11-11　确定分类的标准

图7-11-12　按特征分类

图7-11-13　观察比较

图7-11-14　环境表达

[**活动延伸：**在活动中可以看到幼儿通过观察、比较，基本上都能做到将图片和影子一一对应，幼儿也有按相同特征分类的能力。为拓展幼儿的分类集合意识，渗透层级分类的概念，在区域材料中，教师在原来的影子对应材料上尝试增加了二级分类的内容。另一份影子活动延伸材料是让幼儿先观察比较，将实物和影子一一对应，再观察判断其所在的排列位置，从而初步了解序数的意义，感知序数的顺序性，形成良好的秩序感。（图7-11-15至图7-11-18）]

图7-11-15　磁性粘贴板材料

图7-11-16　层级分类

图7-11-17　感知序数

图7-11-18　记录在作业单上

持续探究影子

大家对影子的兴致依旧不减，似乎找到了生活中一个有趣的玩伴，有了很多的奇思妙想。现在，只要一到户外，孩子们就喜欢玩找影子、踩影子、画影子的游戏。每次出去，大家还会带些粉笔出去，在地板上尽情地又圈又画。在玩中，有小朋友发现影子是会变化的，有的影子长，有的影子短，有的影子一会儿就变没了。（图7-11-19至图7-11-22）

图7-11-19　画影子　　　　　　　　　　　图7-11-20　我和影子手拉手

图7-11-21　踩影子　　　　　　　　　　　图7-11-22　把影子画起来

测量影子

在一个阴晴不定的天气里，宽广的户外场地又一次成了孩子们的画纸，影子又成了作画对象。

第一组：

亮亮："你要快点画，影子就快没有了。"

欣欣："是啊，影子要听太阳的话，太阳没有光，影子就不见了。"

欣欣："你的影子很好笑，怎么这个样子？"（图7-11-23、图7-11-24）

第二组：

默默："快看，影子又出来了！"

世博："把它画下来就变不了了。"

默默："哦，我想把影子带走，我们把它画在纸上吧。"

任任："老师，我们想要一张大纸来画影子，可以吗？要大大的！"

老师去就近的班级借来了一张大纸，这张纸应该够大了。

图7-11-23 抓紧时间画影子　　　　　　图7-11-24 影子很好笑

几个小朋友商量着。

世博:"炎轩,你站好,画你的影子吧!"

默默:"我来画,怎么影子变了?哦,炎轩,你不要动。"

任任:"这个影子怎么短短的?"

炎轩:"我的影子有多长呢?"

任任:"应该不是很长,就这么一点长呢?"(手打开比画)

悦悦:"我觉得应该是没有树的影子长。"

默默:"我妈妈是拿一个卷卷的尺子给我量身高的。"

任任:"可我们都没有尺子啊。"

任任:"老师,你有尺子吗?"

老师:"没有,你们就用你们身边的东西量一量吧。"

任任:"要不就用炎轩的鞋子吧。"

默默:"可是不够啊。"

世博:"我也有鞋子。"

大家都把自己脱下的鞋子摆了上去,开始有些乱,任任小朋友把鞋子一个接一个地摆正了。

任任:"这个歪掉了,要这样放,一个接一个。"

任任:"1,2,3,4,5,我知道啦,有5只鞋子这么长!"

老师:"我们可以把它的长度记下来吗,回去可以跟其他小朋友分享你们的发现。"

于是大家琢磨着就开始画起来了,只是在记录的过程中思想还有点模糊。(图7-11-25至图7-11-28)

图7-11-25　站好，别动哦！　　　　　　图7-11-26　5只鞋子这么长

图7-11-27　跟着老师一起学习　　　　　图7-11-28　表征记录

[**活动延伸**：这次的活动使幼儿对测量方法有了一定的了解，于是在区域活动中，幼儿开始会用自然物来进行丈量了。但在记录时，幼儿对记录方法、记录符号的使用都缺少经验，还需多多练习，积累表征经验。（图7-11-29至图7-11-31）]

图7-11-29　测量树影　　　　　　　　　图7-11-30　表征记录

图7-11-31　环境表达

教师感悟：

1. 来源于幼儿生活的学习是生动且富有生命力的。在整个主题活动中，幼儿通过不断地提出问题、实践探究，发现新问题再探究将主题活动不断推进，丰富了自己的探索经验。幼儿大胆地进行想象和创造，充分表达了自己的情感和体会，这也使幼儿知道了要多关注身边发生的现象。活动中不仅有一系列对影子的科学探究活动、艺术表征活动，而且这些活动也提升了幼儿的合作能力，把他们的探究热情激发了出来。

2. 在主题活动的探究中，教师应结合活动自然渗透、挖掘合适的数学知识，培养幼儿的各种认知能力。活动中幼儿通过对影子的观察、比较，逐渐感知了分类、集合概念，同时也产生了进一步去探索的需求。于是就这个情境，教师进一步提供了按特征和层级分类的相关材料，并提供了相应支持与帮助。在测量时，教师应及时为幼儿提供支持及有关记录方法的建议，不仅要让幼儿的想法得到实现，能力得到提升，也要让幼儿觉得教师时刻在身边。当幼儿在投入地进行交流探索时，教师应做一个旁观者，不去打扰他们，这一切应是教师有意的行为，不留痕迹。当和幼儿在一起时，教师有所为也有所不为，而幼儿只有在这样宽松的环境中才能更好地发挥创造力。

参考文献

[1][苏]A. M. 列乌申娜. 学前儿童初步数概念的形成[M]. 曹筱宁，成有信，朴永馨，译. 北京：人民教育出版社，1982.

[2]李季湄，冯晓霞.《3—6岁儿童学习与发展指南》解读[M]. 北京：人民教育出版社，2013.

[3]林嘉绥，李丹宁. 学前儿童数学教育[M]. 北京：北京师范大学出版社，2008.

[4]刘范，张增杰. 儿童认知发展与教育[M]. 北京：人民教育出版社，1985.

[5][瑞士]皮亚杰. 皮亚杰教育论著选[M]. 卢濬，选译. 北京：人民教育出版社，1990.

[6]肖湘宁. 幼儿数学活动教学法[M]. 南京：南京大学出版社，1990.

[7]徐苗郎. 我的幼儿园数学活动模式[M]. 上海：上海社会科学院出版社，2011.

[8]张慧和，张俊. 幼儿园数学教育活动指导[M]. 北京：人民教育出版社，2011.

[9]周淑惠. 幼儿数学新论：教材教法[M]. 南京：南京师范大学出版社，2012.

[10]金浩. 学前儿童数学教育概论[M]. 上海：华东师范大学出版社，2000.

[11]冯晓霞. 幼儿园课程[M]. 北京：北京师范大学出版社，2000.

[12]朱家雄. 幼儿园课程[M]. 上海：华东师范大学出版社，2003.

[13]曹飞羽. 学龄前儿童数概念的发展[J]. 课程·教材·教法，1984（3）.

[14]陈英和. 认知发展心理学[M]. 杭州：浙江人民出版社，1996.

[15]刘焱. 幼儿教育概论[M]. 北京：中国劳动社会保障出版社，1999.

[16]冯晓霞. 世界教育大系——幼儿教育[M]. 长春：吉林教育出版社，2000.

[17]庞丽娟. 教师与儿童发展[M]. 北京：北京师范大学出版社，2001.

[18]叶澜. 教育概论[M]. 北京：人民教育出版社，1999.

[19]林崇德. 教育的智慧——写给中小学教师[M]. 北京：开明出版社，1999.

[20]张天宝. 主体性教育[M]. 北京：教育科学出版社出版，2001.

[21]黄人颂. 学前教育学[M]. 北京：人民教育出版社出版，1989.

[22]黄瑾. 幼儿园数学教育与活动设计[M]. 北京：高等教育出版社，2010.

[23]许洪媛. 幼儿数学教育有效性的实践研究[J]. 天津市教科院学报，2013（3）.

[24]周欣，黄瑾，杨宗华. 幼儿园综合课程中的数学教育. 南京：南京师范大学出版社. 2012.

后 记

最近很流行一个词叫"在路上"。用这个词来形容华富幼儿园这几年的研究、探索、发展是非常贴切的。我们始终在课程内涵式发展的路上探索，追随幼儿的脚步，深入开展教学实践；我们从旧有中开拓，从实践中创新，从反思中超越，尽管其中多有波折，但终会踏出一条属于自己的道路。

书稿编写完成时，正值幼儿园旧园重建，新园即将落成。华富幼儿园已建园25年，一些楼体因为抗震原因需要推倒重建，在重建期间，我们将过往在幼儿数学教育方面取得的经验做了全面的梳理与总结，从而写成了这本书稿。感谢这些年为华富幼儿园奋斗过的新老同事们，感谢华富幼儿园的全体毕业生和全体家长朋友。同时这也是送给新的华富幼儿园开园的一份礼物，我们将带着新希望，踏上新征程。

"路漫漫其修远兮，吾将上下而求索。"在以后的道路中，我们将秉承回归本质的幼儿数学教育的理念，在实践中不断探索和改进，尽自己最大的努力来完善我们的数学教育，为我们的孩子提供最优质的教育。